孔子带你走出社交陷阱

贾志刚 著

江苏凤凰文艺出版社
JIANGSU PHOENIX LITERATURE AND ART PUBLISHING

孔子带你走出社交陷阱

贾志刚 著

江苏凤凰文艺出版社
JIANGSU PHOENIX LITERATURE AND ART PUBLISHING

图书在版编目(CIP)数据

孔子带你走出社交陷阱 / 贾志刚著 . -- 南京：江苏凤凰文艺出版社, 2024.7
ISBN 978-7-5594-8542-7

Ⅰ.①孔… Ⅱ.①贾… Ⅲ.①《论语》—通俗读物 Ⅳ.①B222.2-49

中国国家版本馆 CIP 数据核字 (2024) 第 058900 号

孔子带你走出社交陷阱

贾志刚　著

出 版 人	张在健
责 任 编 辑	唐　婧
装 帧 设 计	王柿原
责 任 印 制	杨　丹
出 版 发 行	江苏凤凰文艺出版社
	南京市中央路 165 号，邮编：210009
出版社网址	http://www.jswenyi.com
印　　　刷	苏州市越洋印刷有限公司
开　　　本	880 毫米 × 1230 毫米 1/32
印　　　张	9.25
字　　　数	162 千字
版　　　次	2024 年 7 月第 1 版
印　　　次	2024 年 7 月第 1 次印刷
标 准 书 号	978-7-5594-8542-7
定　　　价	49.90 元

江苏凤凰文艺版图书凡印刷、装订错误，可向出版社调换，联系电话 025-83280257

序

说到《论语》,很多人认为那是一本充斥大话套话废话的书,还有很多人以为那是讲仁义道德、讲忠君爱国忽悠老百姓的书,还有很多人以为那是一本讲圣人之道、不食人间烟火、高高在上的书。

其实,他们都错了。

有人说《论语》教人愚忠,我通常会让他举个例子,他通常会说"君君臣臣、父父子子",于是我告诉他这句话的意思是每个人都要遵守自己的规则,谁也不能乱来,这恰恰不是愚忠。于是他又说"君要臣死,臣不得不死",我就告诉他这是明朝的戏词,是那个太监当政锦衣卫治国下的产物。

有人说《论语》教人愚民,我通常也会让他举个例子,他通常会说"民可使由之,不可使知之",于是我告诉他正确的断句是"民可使,由之;不可使,知之。"他依然不信,我就问他"你认为卖西瓜的会说西瓜有毒吗?"作为中国第一所"民办学校"的创始人,孔子会傻到宣扬"愚民"的程度吗?那他喝西北风去?

1

即便如此，还是有人一口咬定《论语》就是没用的甚至是害人的。那，我们就不看广告看疗效吧。

如果孔子所教的都是没用的东西，怎么会有弟子三千呢？春秋时的人都很傻是吗？孔子的弟子中，既有大商人子贡，也有大文豪子夏，还有一大群做官的，还有情商品质极高的曾子等人，更别说战国时期的李悝吴起这些人都是孔子的徒孙了。

这样的教学成就，还不足以说明问题吗？

《论语》这本书，记录的就是孔子和弟子们的日常，什么日常？生活、学习、工作、交往。

所以，《论语》教给我们的是做人做事的原则，是为人处世的技巧。

实际上老夫子不喜欢讲大道理，他是个讲原则的人，但更是一个讲变通的人。老夫子不仅有高尚的理想，更有对人性超卓的洞察力。

《论语》不教人怎样去做一个圣人，事实上孔子也从来不认为自己是一个圣人。

《论语》要教给我们的都是做人的道理，孔子讲仁，仁是什么？仁不是仁义道德的仁，仁就是与人相处的道理。孔子说"仁者爱人"，要与人相处和谐，就要有一颗爱人之心。孔子说"己所不欲勿施于人"，要不让别人讨厌，就不要把自己不想承受的事情施加给别人。孔子说"吾道一以贯之，忠恕而已矣"，做事要"忠"，也就是有始有终、全心全意，为人要"恕"，就是要包容要大度。

孔子的道理从来也不是泛泛而谈，根据每个人的个人情况，针对每个学生都有不同的教诲。

　　孔子教我们怎样交友,怎样育儿,怎样与上级相处,怎样避免夫妻矛盾,怎样去处理面子问题,怎样立足职场,怎样运用口才,怎样学习创新,怎样用习惯修正性格……

　　孔子告诉我们要尊重人性而不是挑战人性,与其虚伪地高尚,不如真实地世俗。所以孔子说不要跟不如自己的人交友,孔子说善意也不要强加,孔子说美德也不要过度,孔子说自己的面子很重要,但是别人的面子更重要……

　　《论语》不是接地气,而是超级接地气。

　　它告诉我们最通俗却又最实用的道理,帮助我们在社会立足,帮助我们去获得尊重。

　　《论语》中充满了处世哲学和智慧,以及技巧。

　　在这部书里,我们就来看看《论语》教给我们的为人处世三十法。这三十法是原则也是技巧,每一条都是从《论语》中总结而来,每一条都有鲜活的故事作为支撑,并且适用于现代社会。

目录

第一章 · 面子，是别人的好	001
第二章 · 成也口才败也口才	011
第三章 · 劝人有风险	021
第四章 · 语言是有套路的	031
第五章 · 装，还是不装	041
第六章 · 有害无益是抱怨	051
第七章 · 反省自己，反省别人	061
第八章 · 过而不改，是谓过矣	071
第九章 · 婚姻的大敌	083
第十章 · 交友要交比自己强的	091
第十一章 · 交友三原则	101
第十二章 · 定位决定成败	111
第十三章 · 习惯决定命运	119
第十四章 · 学习是分层次的	129
第十五章 · 育儿：乐趣和习惯	137

第十六章 · 人生三段论	147
第十七章 · 卖弄要注意场合	157
第十八章 · 守规则是文明的象征	167
第十九章 · 有敬畏才有底线	177
第二十章 · 有容乃大	187
第二十一章 · 以直报怨还是以德报怨	197
第二十二章 · 助人者自助	207
第二十三章 · 知取舍知进退	217
第二十四章 · 不要与大势对抗	227
第二十五章 · 孝敬父母	235
第二十六章 · 形式还是要的	241
第二十七章 · 目的和手段	249
第二十八章 · 己所不欲勿施于人	259
第二十九章 · 美德也不要过度	269
第三十章 · 道义是人生的通行证	279

第一章

面子，是别人的好

你知道中国人最爱什么吗？爱钱？爱权？

都不是，中国人最爱面子。

关于面子，我们有很多常用语，好听一点的比如"人活一张脸，树活一层皮"，"佛争一炉香，人争一口气"，难听一点的比如"死要面子活受罪"，"打肿脸充胖子"等等，弄得咱也不知道要面子到底对不对了。

其实，孔老夫子早在两千五百多年前就把面子问题给解决了，只是咱们不知道。

事情呢，要从《论语》中的两则故事开始说起：

第一个故事是这样的，说是那一年，齐国入侵鲁国。鲁国的孟孺子率领孟孙家的部队迎战齐军，结果，两军还没有交锋，主帅孟孺子就第一个逃跑了。

孟之反是孟孙家的勇士,大家逃命的时候,他留在最后掩护大家。还好,孟之反也活着回来了,是最后一个进入鲁国首都曲阜城门的。进城门之前,孟之反给了马几鞭子,马拼命跑进城门里去,孟之反对大家说:"哎,不是我敢殿后啊,是这几匹马太不给力了。"

对孟之反的做法,孔子挑大拇指称赞:"老孟这伙计,醒目。"

关于这个故事,《论语》原文是这样的——

> 子曰:"孟之反不伐,奔而殿,将入门,策其马,曰:'非敢后也,马不进也。'"(出自《论语·雍也篇》)

那么,孟之反为什么要这样做呢?

主帅当了逃兵,全军都当了逃兵,只有孟之反英勇无畏地在后面掩护大家,很显然,这是一件很有面子的事情,这就是英雄啊。按照通常人的想法,他就该回来炫耀自己,请求奖赏和升职。

可是,孟之反知道,之所以有英雄,首先就是因为有狗熊,正是狗熊们的畏缩才反衬出英雄的英勇。所以,自己越是有面子,那些逃跑的人们就越是没有面子,主帅孟孺子也就越没有面子。

于是,孟之反宁可自己不要面子,也要给大家留面子。

所以,来到城门的时候,孟之反用鞭子打马,让马快速跑进城里,显得自己灰头土脸狼狈不堪,好像也是逃命回来的一样。

进到城里,早已经逃回来的人们看着他,都觉得自己没面子。

这个时候孟之反说了:"不是我比你们勇敢,敢在后面断后,实在是因为这匹马跑不快啊。"

于是,所有人都释怀了,"原来这小子也跟我们一样是逃命了",这样大家原本已经丢了一地的面子被捡了回来。

从英雄到逃兵,从特有面子到没面子,这就是孟之反做的事。

但是同时,孟之反虽然没有了面子,却保全了大家的面子。

宁可我不要面子,也不要大家丢面子。

孔子为什么欣赏孟之反呢?就是欣赏孟之反不会因为自己的面子而去让别人丢面子。

第二个故事是这样的:

微生高是孔子的朋友,家里很穷,但是很爱面子。有一次有人去向微生高讨点醋,可是微生高家里恰好没有,怎么办?

"你等等啊,我给你拿去。"微生高并没有告诉对方自己家里没醋了,而是接过对方的罐子,让他在门口等着。

微生高关上了院子门,然后轻手轻脚来到后院,隔着院墙招呼隔壁老王。

"哎,老王,不好意思啊,家里没醋了,跟你讨点。"微生高轻声对隔壁老王说。

隔壁老王是个爽快人,啥也没说,接过微生高手里的罐子,回家里装了些醋给他。

微生高拿着醋罐子来到自家的院子门,开了门,将醋罐子递给了讨醋的人。

"哎,看看够不够啊?不够我再给你装点。"微生高得意地说。

来人表示了感谢,走了。

可是,这一切都被隔壁老王看在眼里。

于是,微生高的这个故事很快就被所有人知道了,大家都笑话他。

孔子知道后说:"谁说微生高这伙计直率啊?他就是死要面子活受罪而已啊。"关于这个故事,《论语》原文是这样的——

子曰:"孰谓微生高直?或乞醯焉,乞诸其邻而与之。"
(出自《论语·公冶长篇》)

微生高为什么要这样做呢?因为他要面子,他不想让讨醋的人说他家里穷得连醋都没有。可结果呢?结果不仅人人都知道他家里穷得连醋都没有,人们还知道他很虚伪,要靠谎言去维系他的面子。

孔子为什么批评微生高呢?因为微生高虚荣啊。

人为什么要面子？从心理学上来说，这是因为人们都希望获得他人的认可，都不希望被别人瞧不起。

这本身没什么不对。

管子就说过"礼义廉耻，国之四维"，认为羞耻之心是人类社会的立足之本。孟子也说过"无耻之耻，无耻矣"，认为人要是不知道羞耻了，就真的是无耻了。

在这里，微生高对自己的贫穷感到羞耻，因此希望采取这样的方式来遮掩自己的羞耻，这有什么错吗？

在孔子看来，贫穷当然是令人羞耻的。但是，与贫穷相比，撒谎才是更大的问题。贫穷只是能力的不足或者运气的欠缺，可是撒谎就是品德的缺陷，最终会导致更大的羞耻。

换言之，以撒谎的方式保住面子，只能让自己的面子丢得更彻底。

孔子说的是对的吗？

当然是对的。

好了，现在我们来说说这两个故事的现实意义。

面子是应该要的吗？当然是应该要的。但是，要面子有两个前提：

不要以别人面子的丧失来获得自己的面子；不要以没有面

子的方式去追求面子。

譬如孟之反，当别人都是逃兵的时候，他却回来告诉大家他是如何英勇地为大家断后的，那么，他确实会很有面子，但是大家都会很没面子。于是，所有人都会恨他。这就是我们常说的拉仇恨。但是，如果这场战争鲁国胜利了，而孟之反是冲锋在前的勇士，这个时候，孟之反是可以大吹特吹的，因为这个时候大家都有面子，大家都很高兴，这个时候没有人会仇恨一个比自己勇猛的人，这个时候孟之反会更有面子，被当作英雄。

在现实生活中，有的人很有能力甚至很有成就，却得不到人们的认同，得不到老板或者领导的赏识，为什么？很大的成分就是因为在面子问题上处理得不好。

譬如他所在的项目组或者部门的项目失败了或者业绩不佳，这时候大家都没有面子，可是他却要强调自己如何正确如何出色如何与众不同，这当然拉仇恨，不仅同事讨厌你，领导也不喜欢你。

所以在职场上，你不能只关心自己的面子，你要懂得照顾同事的面子，尤其需要保护老板的面子。

很多理工男在这方面有天然的欠缺，他们技术能力出色，工作也很卖力，可是很容易忽视别人的面子，因此得不到认可和尊重。对此，他们往往抱怨自己怀才不遇，实际上他们应该做的是反思自己的情商。

　　一个特殊的场合是竞技场,比赛的结果肯定是胜者获得面子而负者失去面子或者被忽视。我们知道一些运动员得到广泛的好评和对手的尊重,为什么?因为他们在获胜的时候总是给对手留面子,他们总是强调对手实力很强或者进步很快,自己取胜有运气的成分等等,总之,能给到对手的面子都给到了。

　　但是,很多人并不懂得这些道理,战胜对手之后还要疯狂贬低对手,其结果就是朋友越来越少,敌人越来越多,一旦落败,就会倍受屈辱。

　　有的人在落败之后会给自己找面子,譬如抱怨裁判不公,譬如借口自己运气不佳或者发挥失常等等,其结果只会得到更多嘲笑。所以,面子最好不要自己去找,别人给你的才是最好的。

　　微生高以没有面子的方式去争取面子,结果反而更没有面子。那么他应该怎样做呢?他可以直言自己家里没有醋了,也可以说是刚刚用完。这样,至少他不至于被嘲笑,因为事实上大家都知道他很穷。

　　有人会说,那么,穷人就不用有面子吗?就没有办法保全自己的面子吗?

　　当然不是,穷人的短板就是没有钱而已,为什么一定要用自己的短板去保全面子呢？

譬如说你家里不富裕，没钱买新衣服，怎么办？

你可以保持你衣服的干净整洁，那同样是保全面子的啊。真正被人瞧不起的，是不仅没钱买新衣服，而且衣服永远都是脏的。要知道，干净和得体的衣着才是有面子的，而不是昂贵的衣着。

微生高还只是借了一点醋，还在他的承受范围之内。而有的人为了面子不惜代价，超出自己的承受范围，这就是我们常说的"打肿脸充胖子"了。

莫泊桑的小说《项链》中，玛蒂尔德为了出席一个上流社会的宴会，向有钱的好友借了一副钻石项链，结果却在宴会上丢失了。玛蒂尔德只好买了一副相同的项链还给好友，自己用了十年的拼命打工才还清了买项链的钱。可是好友这个时候告诉她，那副项链其实是假的，根本不值几个钱。

这则故事其实在今天依然具有现实意义，还记得那个为了买苹果手机卖肾的年轻人吗？为了面子摧毁自己的身体，这和为了面子葬送了十年青春的玛蒂尔德有什么区别呢？

而玛蒂尔德那个有钱好友的事情同样给人启示，那就是真正的有钱人往往并不会很在意面子，因为他们在金钱上是有自信的，有自信的人不会去刻意争取面子。事实上，在当今的社会中，很多有钱人使用的手表、手包等实际上都非名牌,但他们却毫不在乎,因为他们只是喜欢这些东西的造型,根本不是用它们去充场面挣面子的。相反的是,一些没有钱的人却喜欢借钱买奢侈品,以此来为自己挣面子,这些人都属于这个时代的微生高。

在职场中,面子是一个非常重要的东西。处理得好,火箭提拔。处理不好,"掉脑袋"都是有可能的。

《三国演义》里的杨修就是个反面例子,他很聪明很有学问,并且喜欢卖弄。结果,两次卖弄弄得自己很有面子,同时弄得曹操很没有面子,最后,没面子的曹操把他杀了。

《三国演义》中同样的例子还有祢衡。

实际上,中国历史上很多文人一股书呆子气,完全不懂得要给人留面子,常常不分场合地当面让皇帝下不来台,因此而被杀或者被处罚。说起来是正直勇敢,实际上是情商不够。

所以,千万不要跟领导争面子。不仅不要跟领导争面子,还要尽量去维护领导的面子。而且,不要把这理解为溜须拍马。因为从整体的利益来说,领导的面子确实更重要一些。

职场如此,其实在家庭里也是如此。

夫妻之间发生争吵乃至冷战都是常见的事情,但是所谓"家丑不能外扬",这是有道理的。两口子之间再怎么争吵,在外人面前是要给对方面子的。譬如老公来了朋友,即便刚吵过架,妻子也要热情接待,反之亦然。

所以,夫妻之间关上门吵架不是问题,但是如果在外人面前不给面子就是大问题,很多夫妻离婚就是因为这个原因。

再说一个我自己身边的故事,我有一个同学在老家是个地方官员,级别也算不低。有一次几个同学们下馆子吃饭,说到高兴的时候,一个同学的啤酒洒到了旁边桌的人身上,那个桌子上坐着是七八个年轻人,双方几句来回,剑拔弩张起来。这个时候,我这个同学急忙起身走去旁边桌,一边道歉,一边让服务员上了一箱啤酒给对方。于是,矛盾化解,相安无事。

这件事情上,同学的做法就是牺牲自己的面子而保全所有人的面子。事后,同学圈里纷纷赞扬他情商高,连老师都称赞他。在饭桌上牺牲的一点面子,在同学圈里得到了加倍的补偿。

其实孟之反也是这样,在人们知道他实际上并不是逃兵,只是为了保全大家的面子而自称逃兵之后,不仅孔子,整个鲁国都对他刮目相看,面子挣得更大了。

第二章

成也口才败也口才

　　隔壁老王让他的女儿去学演讲，隔壁老张让他的儿子去学辩论。

　　"现代社会了，口才很重要。"老王和老张都这么说。

　　实际上，古代社会，口才也很重要。

　　孔子的口才就很好，孔子还有两个以口才好著称的弟子，一个是子贡，另一个是宰我。

　　同样是口才很好，可是两人结局却大相径庭。子贡后来成为孔子最倚重最依赖的弟子，成了天下首富，诸侯们的贵宾，可以说是绝对的人生赢家。而宰我混得灰头土脸，只能在孔子的学校当助教，而且经常被孔子骂，饱食终日无所事事，烂泥扶不上墙这样的话都是骂他的，最终一事无成。

　　为什么同样是口才出众，结局竟然完全不同呢？

我们还是先来看看《论语》中的两段故事吧。

第一个故事是这样的：

孔子说，按照周礼，父母去世之后，要服丧三年。这三年必须要在父母的墓地旁边搭个小屋住，只能穿孝服，不能吃肉、不能喝酒、不能听音乐。

宰我就说，老师这不对啊，这三年时间啥也不能干，那不是把礼乐这些东西都给忘了？您不是说周礼最重要，一天也不能不修习吗？

孔子当时有点发愣，这不就是传说中的以子之矛攻子之盾吗？

"那，你觉得这不对，难道父母去世三年之内，你吃好的穿好的，你心安吗？"孔子没办法，只能从另一个角度反问。

"心安啊。"宰我也没犹豫，心说我父母就算死了，不也希望我吃好穿好吗？

"你要是心安，那就随便你吧。"孔子实在没话可说了，敷衍了一句。

等到宰我走了，孔子对身边的其他弟子说："宰我这小子真不是个东西，对父母一点感情也没有。"

原文是这样的——

宰我问："三年之丧，期已久矣。君子三年不为礼，礼必坏；三年不为乐，乐必崩。旧谷既没，新谷既升，钻燧改火，期可已矣。"子曰："食夫稻，衣夫锦，于女安乎？"曰："安。""女安则为之。夫君子之居丧，食旨不甘，闻乐不乐，居处不安，故不为也。今女安，则为之。"宰我出，子曰："予之不仁也。子生三年，然后免于父母之怀。夫三年之丧，天下之通丧也。予也有三年之爱于其父母乎！"（出自《论语·阳货篇》）

那么，这是一段怎样的故事呢？

我们知道，孔子一生强调礼和乐，主张严格遵守周礼。问题是，周礼虽然好，但确实有些不合理的规定，其中就包括守丧三年这件事。实际上，到孔子的时代，人们已经普遍不遵守这一条了。

所以孔子还在说服丧三年，确实是过于古板。其他弟子都没说话，可是宰我忍不住说了。

宰我的话说得非常有逻辑，简直没有办法反驳，所以当场弄得孔子下不来台，非常恼火。

在宰我和孔子之间类似的问答还有好几个，譬如孔子有一次讲课讲到黄帝活了三百岁，宰我就说人最多活一百岁，老师您怎么知道黄帝活了三百岁？当场也是弄得孔子下不来台。

还有一次，孔子在强调仁的绝对重要性，宰我就说"既然仁这么重要，假如有人拿着一块砖头告诉你说井底下有仁，老师敢不敢下去寻找仁?"老夫子险些当场气晕过去。

可以这么说，如果当时搞一个辩论大赛的话，谁也不是宰我的对手。这口才，杠杠的。

可是，就是这么个口才一流的宰我，混到最后，同学不喜欢，老师不待见。

为啥?不为啥，谁喜欢被别人戳软肋呢?谁看见宰我这样的人不躲得远远的呢?上面这样的话说多了，老夫子这样涵养深的人都烦死他了，更何况其他人呢。

第二个故事是这样的:

说是孔夫子在周游列国之前，反对自己的弟子去做卿大夫的家臣。放到现在，就是让学生们一门心思考公务员，不能去私企打工。可是周游列国失败之后，孔夫子的观念发生了改变，并且弟子们面临一个现实的生存问题。这个时候，弟子们就很想去私企上班，又怕孔子不同意。孔子在内心里实际上已经同意他们去私企上班，可是又不好打自己的脸。

子贡看到了这个困局，于是决定来破局。

子贡没有直接问孔子是不是同意弟子们去私企打工，而是谈到了美玉，说这么好的东西是不是应该卖掉来实现价值呢。孔立即就明白子贡所说的美玉就是指自己的那帮弟子,于是赶紧说卖掉吧卖掉吧,我等着识货的人呢。

两人的对话心照不宣,子贡却已经知道了孔子的意思。

之后,弟子们纷纷去私企上班,孔子不仅没有阻止,还积极帮他们找路子想办法。

原文是这样的——

子贡曰:"有美玉于斯,韫椟而藏诸?求善贾而沽诸?"

子曰:"沽之哉,沽之哉!我待贾者也。"(出自《论语·子罕篇》)

从这段故事可以看出,子贡用非常巧妙的比喻,不仅避免了孔子的尴尬,还帮助同学们解决了实际的问题。

子贡与孔子之间类似的对话在《论语》中还有几则,表面上是问别的问题,实际上是在问孔子不便于直接回答的问题,效果都很好。

所以,子贡的口才就像一个高级电梯,不仅让你下来,而且让你下得很舒服。孔子为什么这么喜欢子贡?很简单,因为跟子贡的对话总是很舒服,很对味。

从口才的类型来区分,宰我是辩论型的,跟孔子的几次辩论都占据上风；子贡则是社交型的，跟孔子的交谈往往能得到孔子的喜爱。

从古今中外来看，社交型人才往往比辩论型人才更容易适应环境，发展也往往更好。辩论型人才虽然逻辑能力更强，可是往往容易得罪人，人们并不会因为你说得有理就愿意被你战胜被你羞辱。

孔子年轻的时候也喜欢辩论，在他去拜会老子之后，老子发现了这个问题，于是给了他一个忠告，老子是这样说的："聪明深察而近于死者，好议人者也。博辩广大危其身者，发人之恶者也。为人子者毋以有己，为人君者毋以有己。"

这段话译成现代文是这样的：聪明睿智但是却很危险的人，是因为他喜欢议论别人的是非；博闻善辩但是陷入麻烦的人，是因为他总是揭别人的短。做贤人的、做臣子的，不要太自以为是。

所以，善辩虽然是一种能力，但是如果不懂得在什么场合下使用，这反而是一种缺陷。

所以，除非你是一个外交官或者你需要通过辩论来竞争什么，否则，尽量少辩论，辩论赢了又能怎样呢？

稻盛和夫也说过：这个世界上最愚蠢的事情，就是不断地跟别人讲道理。就算你是对的，也不用非得证明别人是错的。

中国历史上有一个著名的喜欢辩论的人,这个人就叫公孙龙,也就是那个白马非马论的作者,他喜欢辩论,看见谁跟谁辩,看见什么辩论什么。结果,大家都很讨厌他,一个朋友也没有。

别说中国,在西方历史上那些希腊罗马伟大的科学家哲学家们都很喜欢辩论,结果其中很多人被杀害。从道义上固然可以说是统治者不能容忍不同的声音,但是从为人处世的角度说,他们就属于老子所说的"博辩广大危其身者,发人之恶者也"。

智商和情商往往不能兼得,因为智商高的人见识更广并且看问题更透彻,从而往往忍不住要与人辩论揭人老底。

而智商与情商都高的人,往往就能取得不错的成就。

上过大学的都知道,大学寝室常常会有寝室辩论会,有的人就喜欢与人辩论。我们发现,越是喜欢辩论的,往往大学毕业后越难有成就。而成就突出的,往往是那些闷声不说话的同学。

到这里,有人会提出一个问题:春秋战国时期的说客,不都是辩论型口才吗?为什么他们很多人成功了?

这是一个好问题。

首先呢,他们遇上了一个国君很开明很大度的时代,国君们并不在乎被驳斥,这是他们成功的关键。

其次呢,这些说客虽然看上去风光,实际上结果并不好,恨他们的人太多了。譬如商鞅,被五马分尸;张仪和甘茂,逃奔国外;

苏秦,暴死街头;李斯,五刑斩首。

里根被认为是美国历史上最有名的总统之一,里根的口才备受赞赏,就连他的对手也心悦诚服。对于那些刁钻的问题,他总能用幽默的语言轻松化解。譬如有人说政治是肮脏的,问他从事政治的体会是什么,里根笑答:"政治不是什么糟糕的职业。如果你成功了将会获得许多奖励,如果你失败了那你也可以出版一本书。"

在1984年总统竞选与民主党候选人蒙代尔的电视辩论中,在讨论到他的年纪比对手大很多的时候,里根巧妙地逆转话题:"我不会以我的年纪来作为选战的议题。我不会以此作为政治目的,来彰显我对手的年幼和缺乏经验。"

所以,幽默是口才的一种,幽默就像太极,能够轻而易举地化解强硬的进攻,让对手难以发力。

不仅里根,美国第一位黑人总统奥巴马也是一位幽默大师。

郭德纲是当今最好的相声演员之一,口才之好可以说是没有对手。郭德纲年轻的时候,因为年轻气盛常常与人对骂,骂得光彩四射熠熠生辉,令人拍案叫绝。不过也正因为如此,得罪了很多人,而且得罪得很深,其中一些人随时可能会对他捅刀子。后来郭德纲渐渐成熟,基本上就不再骂人了。他甚至关闭了微博的评论功能,按他的话说:"不是我怕被人骂,是我怕忍不住骂人。"

有的人有一个认识误区,认为能说会道就是口才。其实,好口才不等于多说话,说话说得再多,但是言不及义,反而不如不说。相反,话不多,但是一说出来就在点子上,这就是好口才。

这就好比说相声,逗哏的话多捧哏的话少,但是并不是每一对相声演员都是逗哏更受欢迎。譬如当年姜昆和李文华说相声,就明显的是李文华口才更好更受欢迎。后来李文华嗓子出了问题,姜昆换了几任捧哏,都捧不起来。

在职场中,口才当然很重要。因为职场中的沟通交流非常重要,好的口才能够帮助同事之间的沟通理解,能够让办公室的气氛轻松和谐。但是,如果一个办公室里有那么一两个喜欢辩论的人,办公室的气氛就可想而知了。

幽默通常被认为是好的口才,但是并不是所有人都接受开玩笑,尤其是领导。其实在婚姻生活中也是这样,如果夫妻双方都是善于辩论或者喜欢辩论的人,基本上,这样的婚姻很难走到终点。

那么,如何提升口才呢?

中国历史上有一本著名的书叫作《鬼谷子》,其中讲授的就是捭阖纵横之术，所谓捭阖之术，就是讲如何运用口才去说动诸侯。因此这本书可以说是最早的关于口才的专业书籍，近年来关于口才的书更是多如牛毛，鱼龙混杂。

当然，这类书我也没看过，管不管用只能你自己去判断了。

很多家长望子成龙望女成凤，于是纷纷把自己的孩子送去学口才。但是，要小心的是，不要没有学成幽默，反倒学成了油腔滑调。不要没有学会社交，却热衷于与人争辩。

好了，现在我们来说说这两个故事的现实意义。

口才重要吗？当然是重要的。

但是，好的口才要有以下的特征：

好口才是用来促进社交的；好口才总是能风轻云淡地解决问题；不以解决问题为目的的辩论有害无益；即便是以解决问题为目的的辩论，往往也没有好结果。

第三章

劝人有风险

人生在世,每个人都劝过人,每个人都被人劝过。

但是,劝人是个学问。

劝得好,皆大欢喜。劝得对,避免犯错。可是,也有很多情况,劝来劝去,朋友劝成了仇人。劝来劝去,把自己的性命搭了进去。

俗话说:良言难劝该死鬼。

那么,劝人有什么讲究,有什么技巧,有什么禁忌呢?

孔子师徒早就立项研究过这个课题,研究结果就在《论语》里,我们一同来看。

我们知道,子贡家境很好,见多识广而且聪明,在进入孔子学校的初期,子贡就喜欢劝人。子贡劝人完全是出于善意,并且多数也都是对的。但是,子贡的师兄弟们多数家境都不好,对子贡的劝告要么没有能力去改，要么根本不想改。所以，没什么人听他的劝。

子贡的性格也倔，不停地劝。结果呢？被人讨厌，甚至有人当面不给他面子。

子贡觉得很委屈，于是来请教孔子，说我一片好意去劝他们，谁知道热脸贴上冷屁股，"我本将心向明月，奈何明月照沟渠"。我是好心没好报，这是怎么回事呢？

孔子就告诉他说："劝人呢，首先要有诚意，其次要有好的方式。最重要的一点是，劝过之后如果人家不听，就不要再劝了，否则一定自取其辱。"

原文是这样的——

子贡问友。子曰："忠告而善道之，不可则止，毋自辱焉。"（出自《论语·颜渊篇》）

孔子的话对吗？

太对了。

所以，劝人要掌握好分寸。

人与人之间打交道，要充分考虑到每个人不同的性格、处境等等因素，即便是好朋友，也要讲究方法方式，不能以为大家关系好就能开门见山直截了当。

有的时候你是善意,但是对方感觉不到;你的方法好,但是对方领略不到。反而你说多了,对方会怀疑你有什么企图。所以,即便是朋友,也要掌握好分寸。

即便是好朋友,也不要强加自己的想法给对方。劝的次数多了,你以为你不是在强加自己的想法,可是对方会这么认为,事实上你也确实是想强加自己的想法。

子贡曾经有一次对孔子说:"老师啊,我不想把自己的想法强加给别人,也不想别人强加给我。"孔子当时就笑了,说道:"你啊,做不到的。"

在现实中,这是交朋友的道理,朋友之间说话其实也要有分寸,很多朋友之间的分裂并不是因为利益关系导致的,而是一方想强加自己的想法给另一方。当双方的社会地位、财富地位差距比较大的时候,被强加的一方往往会感觉自尊被伤害,从而渐渐疏远对方甚至反目成仇。

善意也不能强加,切记。

孔子周游列国回到鲁国的时候,鲁国的国君是鲁哀公,鲁哀公很想把三桓家族赶走,可是自身实力不够,于是想得到孔子的帮助。

鲁哀公邀请孔子去做客,孔子知道鲁哀公的意思,可是他不愿意掺和这样的事,于是派宰我代替自己去。鲁哀公问起国社的事情,实际上就是向宰我暗示。宰我根据老师的事先交待,故意装疯卖傻,东拉西扯。

"老师啊,咱们是不是应该劝一劝他?"事后,宰我问。

孔子说:"要做成一件事情,就不要说出去。已经决定的事情,就不要去劝阻。自己做的事,不论结果怎样,不要抱怨。"

原文是这样的——

>哀公问社于宰我。宰我对曰:"夏后氏以松,殷人以柏,周人以栗。"曰:"使民战栗。"子闻之,曰:"成事不说,遂事不谏,既往不咎。"(出自《论语·八佾篇》)

孔子为什么不让宰我劝鲁哀公呢?

因为人家已经决定了,你劝也是白劝。如果最后人家做成了,你当初的劝阻就会成为笑料;如果失败了,你当初的劝阻多半会招来怨恨或者忌恨,因为这种不听劝的人往往心胸狭隘。如果你当初没有劝他呢,那么他不论成功还是失败,都没有理由抱怨你。

当然还有一种情况,就是你如果劝说他,就说明你知道了他的想法,为了保密起见,他甚至可能杀你灭口。这种情况,在好莱坞大片中算是屡见不鲜了。

所以，如果你不想跟他干，装疯卖傻是比较安全的。

后来，鲁哀公终于还是动手了，他暗中勾结越国人，想要让越国人帮忙赶走三桓，结果反而被三桓赶走，这是后话了。

所以，不管多好的朋友，人家已经决定的事情，你就不要去操心了。他有他的想法，他有他的理由，他还有他的难言之隐。

子夏是孔子学生中最聪明的，也是孔子学问的衣钵传人，很多观点与孔子一致。

在劝人这个课题中，子夏选择了一个另外的角度，那就是劝人是需要条件的。

子夏认为，要让老百姓去做什么事，首先要取得公信，这样老百姓才会相信你的话。如果没有取得公信，老百姓就会认为你在虐待他们。同理，如果你想劝谏君主，首先要取得君主的信任，否则君主就会认为你在诽谤他。

原文是这样的——

> 子夏曰："君子信而后劳其民，未信，则以为厉己也。信而后谏，未信，则以为谤己也。"（出自《论语·子张篇》）

子夏的话非常有道理。

当你要去劝一个人的时候，你必须要弄清楚你们之间的关系，他是不是尊重你，他是不是信任你。简单说，你在他面前说话是不是有分量。

有句俗话说"力微休负重，言轻莫劝人"，就是这个意思。

如果你根本没有得到他的信任，那么就算你的劝说是有道理的，他也不会听你的。甚至，他还会怀疑你的动机。邻居两口子吵架，你跟他们一向不熟，结果你去劝那个老公，他就很可能怀疑你跟他老婆有什么关系。

有两个成语可以说一说。

第一个是"交浅言深"，交情很浅，完全没有互信的情况下，却谈论很机密很重大的事情，这是非常危险的。引申而来，在没有信任的情况下，你却去劝说他，这很可能会自取其辱。

第二个是"疏不间亲"，别人关系近，你的关系远，你却去离间人家的关系，这也很危险。引申而来，人家两口子之间的事情，不是你一个外人可以劝说的。

我们举几个历史上的例子吧。

先说《三国演义》中的几个例子。

田丰是袁绍的谋士，袁绍与曹操交战，几次错误决策，田丰都劝袁绍，结果袁绍大怒，把他关了监狱。后来袁绍战败，证明田丰的劝告都是对的。即便这样，袁绍还是派人杀了田丰。既然田丰的劝告都是对的，那么为什么被杀呢？第一，劝告的次数太多了；第二，袁绍已经决定的事情他依然去劝告。

与田丰相反的是曹操的谋士贾诩，当曹操准备攻打吴国的时候，贾诩劝他不要攻打。但是当曹操已经决定出兵之后，贾诩就不再说话了。同样的事情也在诸葛亮的身上发生过，刘备为了给关羽报仇，执意攻打吴国，诸葛亮只劝了一次，刘备不听，诸葛亮就不再劝了，只能悄悄为战败做准备。

打仗要学《孙子兵法》。可是为人处世，还是要学《论语》。

相比较，贾诩就要聪明得多，或者说圆滑得多。

曹操很想立自己的小儿子曹植为太子，贾诩则和大儿子曹丕关系比较好。但是贾诩绝对不会去正面劝曹操，而是等待机会。这一天机会来了，曹操问贾诩自己应该立谁为太子，贾诩假装思考而不回答，曹操问他在想什么，贾诩说我在想袁绍父子和刘表父子，曹操哈哈一笑，决定立曹丕为太子。为什么呢？因为袁绍和刘表都是立了小儿子做太子，结果都败亡了。

所以，贾诩不会去正面劝，却用这样的方式实现了自己的目的。

我们再来说说现实。

我们知道，春秋战国时期的人比较容易劝，因为那时候的人比较谦恭,喜欢反思,听得进别人的意见。后来,人们越来越缺乏反思的精神,容不得别人说自己的不好,因此越来越难劝,而且对劝说者很容易产生仇恨。

所以,春秋战国时期极少有人因为去劝谏国君而被杀的。后来就不行了,基本上没人敢去劝皇帝,劝不好全家砍头。

我们这个时代,年轻人反思精神依然欠缺,独生子女这一代基本上都是自我中心的,完全听不得不同的意见,反省的意识更是薄弱,因此非常难劝。

所以这个时候,要让一个人有所改变,靠劝说基本行不通。

也正是因为这个原因,劝人就更要小心谨慎。

所以,跟你没关系的事,不要劝;跟你没关系的人,不要劝;没弄清楚情况的,不要劝。

那么,劝人需要注意什么呢?

就算是朋友,劝一次就行了,不要有第二次;人家已经决定的事情,不要去劝。

世界上有些事情,无论你做什么选择,都一定会后悔。这种情况下,你去劝就一定没有什么好结果。

譬如夫妻离婚这样的事情,多数的离婚并不是因为什么了不起的大事,而是平时鸡毛蒜皮的小事积累起来的。所以一旦有了离婚的想法，那么离了会后悔，不离也会后悔。如果离了，孩子首先受影响，而离婚的双方又会想起对方从前的好处，因此迟早会后悔。如果不离，各种纠纷会继续累积恶化，同样会后悔。

所以说，清官难断家务事，旁人就更不要去劝了。譬如你劝他离婚，真正离婚了，他后悔了，一定怨恨你。他没有离，也后悔了，还会怨恨你当初没有再进一步劝他。

我认识的一个人小王，她有一个闺蜜常常抱怨自己的老公是人渣，恨得牙痒痒。于是小王劝她的闺蜜离婚。可是她的闺蜜非是不离，而且把这件事情告诉了自己的老公。闺蜜的老公于是仇恨小王，后来闺蜜也开始仇恨小王。到最后，一片好心，落得两个仇人。

所以，但凡跟你诉苦的，安慰一下就行了，千万别帮着出主意，更不要劝。

同样，上级之间的事情也不是你能劝的，如果你非要劝，最终一定是两头不讨好。这一类的事情不仅不要主动去劝，就算他主动来问，也要小心谨慎地回答。

第四章

语言是有套路的

前面说到的面子、口才和劝人,都和语言息息相关。要做好以上三点,语言能力至关重要。

所以俗话说:掌握一门语言是很重要的。

当然,掌握两门语言更好。

同样的问题,有的人回答得好,有的人回答得差,这就是语言能力的区别了。两个水平相当的人去面试同一个职位,可能决定他们谁能被录用的就是一句话。

有的人能够一句话化解尴尬,有的人能够一句话升级对抗,这就是语言能力的差别了。

孔子自称是个比较内向的人,但是语言能力非常强,绝对是大师级的人物。到现在,我们还常常运用孔子的话。

《论语》之中,很多地方展现了孔子卓越的语言能力。有的话是需要记住的,因为常常会在社交场合用到,并且使用的效果非常好。有人可能会说,难道《论语》中还有能够运用到今天的话?

当然有。

我们就来看看其中四条吧。

先来说第一条。原文是这样的——

> 季路问事鬼神。子曰:未能事人,焉能事鬼?曰:敢问死。曰:未知生,焉知死?(出自《论语·先进篇》)

这段话译成现代文字是这样的:

季路问怎样去侍奉鬼神。孔子说:"没能侍奉好人,怎么能侍奉鬼呢?"季路说:"请问死是怎么回事?"孔子说:"还不知道活着的道理,怎么能知道死呢?"

那么,这是一段怎样的故事呢?

这是季路刚入学不久,听到孔子说要敬鬼神,于是来问这个问题,说是该怎么样跟鬼神相处。

孔子其实也不知道鬼神究竟是个什么东西,他如果说"我不知道",那么作为一个老师就有点掉价,会被学生瞧不起。如果说"我知道",然后煞有介事地胡编一通,那就成了不懂装懂忽悠学生了,这也是孔子最不想做的事情。

所以怎么办?孔子采取的办法是反问:人还没侍奉好呢,还去说什么侍奉鬼神呢？

对于季路问到的死，孔子也是一样，他也没死过，怎么知道死是怎么回事呢？可是也不能说不知道，所以也来个反问：活着的道理还没弄清楚呢，管什么死的道理呢？

这两句话下去，季路也就不能再问同样的问题了。

其实，类似的事情在子贡身上也发生过。

子贡刚入学的时候，对孔子非常不服气，常常给孔子出难题。

有一天，子贡想到了一个绝妙的问题来为难孔子。于是他来问孔子"人死了之后究竟有没有知觉"，孔子如果回答"有"或者"没有"，子贡就会接着问"你没死过，你怎么知道？"如果孔子回答"我不知道"，子贡就会蹦蹦跳跳唱着小曲去告诉所有人"孔老师也有不知道的"。

怎么办？孔老师可不是吃白饭长大的。

孔子想了想，这样回答："我要是说人死了还有知觉呢，就怕孝顺子孙葬我的时候过分隆重；要是我说人死了没有知觉呢，又怕不肖子孙把我扔到乱葬岗喂狗。所以，这个问题我不能回答你。你如果真想知道，等你死了之后，自己慢慢去体会吧。"

子贡当场傻眼。

其实，自古至今，很多学生和老师之间都有过类似的交锋经历,老师要镇住这些刺头,确实需要费些心思。

在这里,孔子教给我们一个技巧:当你面对一个刁钻且难以回答的问题时,要先反问他。当然,至于反问什么,自己去体会吧。

现实生活中有很多类似的例子,譬如我以前就喜欢提刁钻的问题给老师,当老师也弄不明白的时候,就会一本正经地说:你还没学会走,就想学跑了?

所以,这里就产生了一个应对刁钻问题的固定搭配:你还没有怎么,怎么能怎么?

再来说第二条。原文是这样的——

子之武城,闻弦歌之声。夫子莞尔而笑,曰:"割鸡焉用牛刀?"子游对曰:"昔者偃也闻诸夫子曰:'君子学道则爱人,小人学道则易使也。'"子曰:"二三子!偃之言是也。前言戏之耳。"(出自《论语·阳货篇》)

这段话译成现代文字是这样的:

孔子到武城,听见礼乐的弹琴唱歌的声音。孔子微笑着说:"杀鸡何必用宰牛的刀呢?"子游回答说:"以前我听先生说过,'君子学习了礼乐就能爱人,小人学习了礼乐就容易管理。'"孔子说:"同学们,言偃的话是对的。我刚才说的话,只是开个玩笑而已。"

说说这段话的背景。

子游是孔子的得意门生，到武城这个地方当了宰，也就是武城县县长。孔子这一天去看他，看见子游正组织乡民学习礼乐，孔子当时就说"割鸡焉用牛刀？"意思是说这里穷乡僻壤的，用不着这么高端的东西，结果被子游用孔子自己的话反驳了。孔子这个时候知道自己说错了话，如果抵赖，肯定不行；如果认错，也觉得不妥。怎么办呢？孔子来了一句：我刚才跟你开玩笑的。

千万不要小瞧了"前言戏之耳"这句话，这句话可是古今中外给自己找台阶最好使的一句话。不信啊？看看就知道了。

三国时期，曹操与吕布交战，活捉了吕布手下大将张辽。因为张辽不肯投降，曹操大怒，要杀张辽，这个时候刘备和关羽为张辽求情。曹操不准的话，好像不给刘备面子；准了吧，人情被刘备得了。这个时候曹操灵机一动，说道："我亦知文远忠义，故戏之耳。"啥意思？我也知道你张辽是个够意思的人，我根本不想杀你，刚才就是跟你开个玩笑罢了。

一句话，刘备的面子也给了，好人自己做了。

张辽因此投降了曹操，后来成了曹操的心腹大将。

唐朝白居易成名之前，求见当时的成名诗人顾况，顾况瞧不起他，说："长安物贵，居大不易。"等读到白居易的"野火烧不尽，春风吹又生"时，不由对白居易刮目相看，改口说："有句如此，居亦何难？老夫前言戏之耳！"

哈哈，前言戏之耳。

著名相声大师马三立就有一句著名的口头禅：我逗你玩呢。

这句话其实在国外也很流行，美国人常常说的一句话是"Just kidding"，啥意思？前言戏之耳。

所以，当你说错了话，收不回来了，怎么办？前言戏之尔，刚才就是开个玩笑。

再来说第三条。原文是这样的——

子畏于匡，颜渊后。子曰："吾以女（汝）为死矣！"曰："子在，回何敢死？"（出自《论语·先进篇》）

这段话译成现代汉语是这样的：

孔子在匡地受到当地人围困，逃回了卫国，颜渊比大家都晚逃回来。孔子说："我以为你已经死了呢。"颜渊说："夫子还活着，我怎么敢死呢？"

说说这段话的背景。

孔子准备去陈国，路过宋国匡地的时候被当地人以为是虐待过他们的阳虎，于是把孔子一行围在一个破庙里。孔子一行只好找机会逃回卫国，结果回来之后才发现颜回丢了。孔子以为颜回死了，内心很自责内疚。过了两天颜回才回来，孔子大喜，脱口就说"我以为你死了呢。"

这个时候,如果是你,你会怎么回答?

"我没死。"

"你才死了,你全家都死了。"

"你们怎么也不等我?讨厌。"

可是人家颜回回答得好:"夫子还活着,我怎么敢死呢?"

其实这个回答在逻辑上并不严谨,但是听起来让人很舒服。从这句话中,你能感觉到颜回的淡定,还能感觉到他对孔子的尊敬。

原本,孔子可能还要安慰他,或者解释自己不等他的原因,现在都不用了,轻描淡写把这一篇翻过去了。

这句话也是一个定式:你没咋样,我咋敢咋样?

主要用来化解尴尬,或者纯粹开玩笑。

这个句式非常实用,我们举几个例子。

赵将军跟皇上出征,打了败仗,逃得性命。回来发现皇上也逃回来了,也没死,硬着头皮去见皇上,皇上有点不高兴地问:"打了败仗,王将军李将军都战死了,赵将军你怎么没死?"

"皇上在,臣怎么敢死?"赵将军来这么一句,好像自己不是当了逃兵,而是为了继续为皇上效力,所以不能死。同时也暗含着反问:皇上您不是也没有死吗?

再譬如说跟老板出去喝酒,喝多了之后老板问你"你怎么没醉?"你怎么回答?你可以回答:"老板没醉,我怎么敢醉?"

意思是老板您都没喝好,我当然不能自己先喝好了。

如果老板喝醉了,第二天问你:"我都喝醉了,你怎么没醉?"你怎么回答?你还是回答:"老板醉了,我怎么敢醉?"

意思是老板您醉了,我还要保护您呢,怎么能醉?

看见没有,这是一个多么好使的句式啊。

再来说第四条。原文是这样的——

蘧伯玉使人于孔子,孔子与之坐而问焉,曰:"夫子何为?"对曰:"夫子欲寡其过而未能也。"使者出。子曰:"使乎!使乎!"(出自《论语·宪问篇》)

这段话译成现代汉语是这样的:

蘧伯玉派使者去看望孔子,孔子与使者坐下交谈,问道:"先生最近在做什么?"使者回答说:"先生想要减少自己的错误,但未能做到。"使者走了以后,孔子说:"好一位使者啊,好一位使者啊!"

来看看这段话的背景。

蘧伯玉是卫国的大夫,人非常正直,对孔子帮助很多,孔子很尊敬他,尊称他为夫子。孔子问使者蘧伯玉最近在做什么,使者的回答是：他在想要减少自己的过错，可是还没做到。

蘧伯玉这个人以善于反省自己而著称，总是反省自己过去有什么错需要改正，这里使者说蘧伯玉正在想要减少错误，听上去好像有点自我吹嘘自我标榜的意思，但是紧接着使者说"还没做到"，立马就感觉到谦虚的味道了。

使者一句话，既赞扬了蘧伯玉的自省精神，又帮他谦虚了一下，所以孔子赞叹，认为使者的话非常恰当非常有技巧。

所以，当你既想表扬自己，又不想被人说太骄傲，最好的办法就是先表扬自己，最后谦虚一下。这个，就像成熟的麦穗，麦秆很高，麦子很饱满，但是总低着头，我们老师从前就常常用麦穗来形容一个很有学问又很谦虚的人。

如果反过来，效果就完全不一样了。也就是说，如果你先谦虚一下，然后开始自我表扬，这不仅让人认为你很骄傲，而且让人认为你很虚伪。

譬如隔壁老王就是这样，他经常说"我家其实没什么钱"，然后就说他刚换了一辆奔驰跑车。毫无疑问，这就是在炫富啊。

其实每个时代，都有那种精彩的可以作为定式的语言。

三国时期，嵇康是个名士，钟会很仰慕他，登门拜访。谁知道嵇康很傲慢，钟会很恼火，转头就走。嵇康于是问道："何所闻而来，何所见而去？"钟会随口答道："闻所闻而来，见所见而去。"

"闻所闻而来,见所见而去",意思就是名实不符。

对于绝大多数的所谓旅游胜地,实际上都是"闻所闻而来,见所见而去"。

黄渤是当前炙手可热的电影演员,与大多数影视明星褒贬不一的风评不同,黄渤在圈内可以说是广受好评,被认为情商超级高。

其实,一个人的情商一大半都取决于他的语言能力。

一次,黄渤参加鲁豫的访谈节目,鲁豫问了一个"很鲁豫"的问题"你现在很火是吗?"黄渤则给了一个很黄渤的回答"当然是火,都能坐在这儿跟鲁豫聊天了,能不火吗?"

一个很尴尬的问题,被黄渤轻松化解,还顺带着称赞了鲁豫的节目。

还有一次,黄渤担任金马奖男主持,当时女主持问黄渤为什么穿着一件像睡衣的礼服,黄渤回答说:"因为我连续五年在这里了,这里就是我的家啊。"

还有一次,一位女主持说突然发现黄渤帅了,黄渤回答说:"美一直都存在,只是缺乏发现。"

注意黄渤的套路,第一步,不反驳,先把话接下来。第二步,捧对方。这里的难度在于怎么衔接这两步,这就是黄渤的厉害之处了。所以,好的语言是有套路的。先了解套路,再通过学习和实践去提升。

第五章

装，还是不装

扮深沉、扮高贵、扮高雅、扮高尚、扮忧国忧民，所有这些归结为一个字，就是装。如果让王朔来归结，就是两个字。

但凡这种喜欢装还有点学问的，就是我们常说的伪君子了。

人们越来越讨厌喜欢装的人，甚至有些人对人的最高评价就是两个字：不装。

孔子就是一个不装的人，并且他很讨厌别人装。

春秋末期，吴国是军事实力最强的国家，太宰伯嚭则是吴国的实权人物。这一年吴国攻打鲁国，拿下鲁国的武城之后，两国决定进行和平谈判。于是，太宰伯嚭就请执掌鲁国国政的季康子来吴国军营会面。季康子怕被吴国人扣押，不敢去，于是请子贡代表自己去。

伯嚭见季康子没有来，大怒，说是依据周礼，季康子必须来。

换了别人，这个时候可能就要装可怜装无辜或者装大义凛然，或者找些诸如老婆生产、儿子结婚、自己身体不好等借口了，可是子贡没有。

子贡很从容地对他说："如今吴国军力这么强，又到了我们的边境，这个时候季康子担心来了被杀，所以不敢来，这不是人之常情吗？"

子贡的一句大实话让太宰伯嚭大为意外，再加上子贡泰然自若的状态，让太宰伯嚭对子贡不禁有些敬畏，之后两人交谈甚欢，就成了朋友。

子贡就是这样，不装。你装，我不装，让你也装不下去。你伯嚭跟我讲什么周礼，讲什么世界和平，我就跟你讲大实话，讲季康子怕死。

伯嚭从子贡那里了解到孔子的情况，对孔子很佩服，于是问子贡："孔夫子应该是个圣人吧，否则怎么这么多才多艺呢？"

"那当然，是老天让我的老师成为圣人，又让他这么多能的。"子贡很得意地说。

后来子贡去看望孔子，顺便把这段故事讲给他听。

"嗨，什么圣人？我就是因为出身低贱，所以学了很多技能而已，君子是不嫌自己本事多的啊。"

原文是这样的——

> 太宰问于子贡曰:"夫子圣者与?何其多能也?"子贡曰:"固天纵之将圣,又多能也。"子闻之,曰:"太宰知我乎!吾少也贱,故多能鄙事。君子多乎哉?不多也。"(出自《论语·子罕篇》)

在这里,孔子原本是可以装一装的,讲一讲自己的高贵血统,讲一讲自己出生时候天空电闪雷鸣龙吟虎啸之类的。可是,他就是不装,他就是说自己出身低贱。

插句话说,孔子不装,可是后代的孝子贤孙们要帮他装,那些解读《论语》的人都竭尽全力去证明孔子其实出身不低贱。

如果孔子真的出身不低贱,却非要说自己出身低贱,那是不是"犯贱"呢?

其实,很多人在这种情况下是会装的。譬如有人发达了,就打死也不承认自己是农民出身。

这样的装,当然是被人们瞧不起的。

类似孔子这样出身低贱但是后来成为社会顶流的人其实很多,这类人多半会装作自己出身高贵,因为他们担心自己低贱的出身会被人瞧不起。

其实,这类担心是多余的,就像孔子,他坦率地承认自己出身低贱,反而衬托出他日后的努力和成功。所以很多时候你的担心是多余的,如果你要装,那么你永远是心虚的。相反,你坦诚直言,放下了内心的顾虑,你反而会感觉轻松和自信,反而能得到人们的尊重。

如果你有敌人的话,那么你任何的装都可能成为敌人攻击你的软肋,你越是装,这个软肋就越是致命。

就像学历,你用假学历来装,就给了别人攻击你的武器。你不装,你自学,反而让对手无机可乘。

其实,这个世界上很多事情都是你自以为的,只要你放下,这些事情就不存在。譬如你以为自己出身农民会被人瞧不起,其实不是别人瞧不起农民,而是你自己瞧不起农民,是你自己瞧不起自己而已。

"不要装,只有没有自信的人才需要装。"孔子自己这么做,也这么要求弟子们。

子贡深知这个道理,也是这么做的。

陈子禽也是孔子的弟子,不过入学晚年纪小,基本没有受过孔子的教育。因此他对孔子有些瞧不起,反而是子贡的粉丝,几次在子贡面前贬低孔子,吹捧子贡。

有一次,陈子禽又来找子贡,表示孔子周游列国恐怕不是为了要实现自己的主张,而是为追求名利。子贡于是回答他说:"老师当然追求名利了,难道不是每个人都追求名利吗?只不过,老师追求名利的方式是温良恭俭让。"

原文是这样的——

> 子禽问于子贡曰:"夫子至于是邦也,必闻其政。求之与?抑与之与?"子贡曰:"夫子温良恭俭让以得之。夫子之求之也,其诸异乎人之求之与?"(出自《论语·学而篇》)

通常,面对陈子禽这样的问题,多数人都会装,都会竭力证明自己就是无私奉献,根本没有追求名利的念头。其结果呢?要么装不下去而被嘲笑,要么不停地被人追问和质疑。

可是,子贡不这么玩,根本不跟你装。

追求名利怎么了?谁不追求名利?你不追求吗?人人都追求,凭什么老夫子不能追求?

子贡就是这样的回答,不过他还要强调孔子与其他人的不同,那就是孔子追求名利的方式是温良恭俭让。

子贡就是这样,你装,我不跟你装,我直接说出人性的本质,追求名利就是人性的本能,你陈子禽不承认吗?

子贡这样的回答,不仅直接驳斥了陈子禽,而且让他今后再也不能拿孔子追求名利来说事了。

在孔子去世之后,除了陈子禽质疑孔子周游列国的动机之外,还有人搬出孔子犯过的错来攻击孔子。对于这一类的攻击,子贡依然采取"不装"的策略来应对。

子贡对那些攻击孔子的人说:"是个人都会犯错,孔夫子当然也会犯错。不过,君子犯了过错,就像日食月食一样,绝不藏着掖着,人人都能看见。而君子知错则改,改了之后,人们会更敬仰他们。"

原文是这样的——

> 子贡曰:"君子之过也,如日月之食焉。过也,人皆见之;更也,人皆仰之。"(出自《论语·子张篇》)

子贡还是老套路,你装,我不跟你装,是个人就会犯错,犯错有什么呢?敢于认错敢于改错,这就是君子。

从那之后,再也没有人在子贡面前说孔子也犯过错了。

所以,不装有一个最大的好处,就是一劳永逸地终止这个话题。

我们知道,在很多情况下,道德是一件外衣。很多人穿着道德的外衣,站在道德的制高点上来攻击你。这个时候,如果你也披上道德的外衣,你就会很被动。而子贡的例子告诉我们,当有人披着道德外衣前来的时候,我们不要给自己披上同样的外衣,我们要露出自己真实的身体,并且让对方也不得不脱下他们的道德外衣。

你装,我不装,让你也装不下去。

但是,要做到不装真的不容易。

譬如说历代解读《论语》的名家们,就都在竭力去证明孔子从来不犯错,证明孔子每句话都是真理,证明孔子完全没有名利心,证明孔子的每句话都是忧国忧民。

中国古代的文人们其实是一个很悲哀的群体,因为他们始终不得不装,他们总要竭力证明自己读圣贤书的目的是为了报答皇恩,而不是为了升官发财,不是为了养活一家老小。

官僚们也是不得不装,他们总是告诉人们他们做官是为了服务百姓,而不是为了升官发财。甚至贪官们在法庭上还要装,说什么忘记了初心,说什么还想再得到一次为人民服务的机会,装习惯了,不装都不舒服了。

其实,人人都在装,我也要装。

譬如刚写书的时候,有人就说你写书还不是为了挣钱?我就说我是想弘扬中华文明。后来在网站上播我的书,开始收费之后就有人骂我掉进了钱眼里,我就说我只是想弘扬中华文明。我在网上连载《论语的真相》,有人说你在这里抨击大师们,还不是为了哗众取宠,追求名利?我就说名利于我如浮云。

实际上,我写书的主要目的是真的为了挣钱,我想活得好一点,受人尊重一点,早点实现财务自由,这有什么问题吗?

不过,我不想挣昧心钱,我要给大家带来阅读的快感,带来知识,带来历史的真相。我想在这样的前提下挣钱。

挣钱,不是一件理直气壮的事情吗?

所以在学习了《论语》之后,我决定不装了。

不过,很多人还在装。

说到了装,当然就要说说《皇帝的新装》。

皇帝难道从来没有怀疑自己没有穿衣服吗?当然怀疑过。不过为了证明自己不愚蠢,他要装。

大臣们和看热闹的百姓们难道没有发现皇帝什么也没有穿吗?当然发现了。可是为了不被说自己愚蠢,他们也装。

所以,装就像谎言一样。为了一个谎言,有的时候必须编造另一个谎言,甚至要不停地编下去。只要你开始装,可能你就要一直装下去,直到最后实在装不下去。

过去,火车票很难买,尤其在春节期间。一个北京的哥们为了炫耀自己有路子,装作自己在北京火车站有熟人,能买到票。结果到了春节之前,单位里有人要买票,听说他有熟人,来请他帮忙。

怎么办？这个时候是装还是不装？

继续装，装生病，然后连夜去火车站排队买票，排了两天，终于买到了票。

其他同事听说他买到了票，又有五六个人来请他帮忙。现在，是真装不下去了。于是，真相大白，这哥们落得个灰头土脸，被人笑话。

不装，是有很大好处的。

首先，你会活得坦荡，没有那么多心理负担，不用想着怎样去自圆其说。

其次，你会有更自由的空间。

譬如别人说孔子是圣人，孔子不装，不承认自己是圣人，说自己就是一般人，这就留给自己更多的空间。试想，如果孔子要装一装，接受了圣人的称号，那么他今后就不能不用圣人的标准去要求自己了，不能犯错，不能追求名利，不能随便开玩笑尤其是三俗玩笑等等。相反，他不承认自己是圣人，那么他今后可以做的事情就很多。

所以，装，往往是给自己戴上了枷锁。

装，有向上装和向下装两种，举个现实例子，譬如相声界。有的人水平很差，却仗着权势做出一副一代宗师的架势，这就是向上装，让人恶心。郭德纲分明是大师的水平，却口口声声自称相声界的小学生，这也是装，向下装，虽然也是装，却是大家能够接受的。有那喜欢挑刺的人来吹毛求疵，郭德纲就可以说"你看，我就是个小学生，犯这个错很正常啊。"

所以，尽量不要装。实在忍不住要装一装，那就向下装。

当一个人装得太厉害的时候，所谓的白天做人晚上做鬼，人前做人人后做鬼，这样的人往往会有心理问题，也就是人格分裂。这是一种疾病，一种非常严重的心理疾病，要治。

所以，不要装。

不装，至少有完整的人格，能像个人一样生活。

第六章

有害无益是抱怨

但凡读过《论语》的,都知道《论语》的开篇第一章是这样的——

子曰:"学而时习之,不亦说乎?有朋自远方来,不亦乐乎?人不知而不愠,不亦君子乎?"(出自《论语·学而篇》)

啥意思?

孔子说:"学了又时常温习,不是很愉快吗?有朋友从远方来,不是很高兴吗?人家不了解我,我也不抱怨、恼怒,不是一个君子吗?"

对这第一章的解读,历来都是说孔子在强调学习的重要性,其实他们都错了。

第一章是孔子对自己一生的总结:学习了学问,却没有应用的机会,不过能常常拿来温习,也是很快乐的。在自己的祖国鲁国没什么朋友,但是常常有从卫国来的朋友,不也很快乐吗?自己的主张没有得到认同,自己不恼火不抱怨,不就是一个君子的品质吗?

孔子的一生一直在努力,但是理想很丰满,现实很骨感,他最终遭到的是挫败。可是,他能自得其乐,他能做到不抱怨。

所以他说:我不抱怨,所以我是个君子。

不抱怨,是君子的重要标志之一。

不抱怨,也是孔子反复在强调的一项品质。

为什么孔子认为不抱怨是君子的品质呢?很简单,因为抱怨是一个很糟糕的品质。

抱怨有什么用处吗?

没有任何用处,过去的事情不会因为你的抱怨而改变,未来的世界也不会因为你的抱怨而改变。

那么,抱怨有什么坏处吗?

一大堆。

首先,抱怨给了你自己找借口的机会,因为你必须要让自己的抱怨听起来合理,所以你就必须要去找借口,而这个找借口的过程又会衍生大量的坏处。

譬如你考试没考好,这个时候你要抱怨就要找类似老师没教好、教室太吵等借口，由此找到放纵自己的理由。如果你的抱怨被你表达出来，那么老师会喜欢你吗？

其次，抱怨让你失去反省的机会。抱怨一定是针对别人的，当你把责任推给别人的时候，你就不会去反省自己的问题了。不懂得反省，也就不懂得改正。

再次，你会让人看起来很弱，因为人们会认为你不敢面对现实。

再再次，抱怨会让你的人际关系恶化。很简单，没有人会愿意被你抱怨。事实上，当你对某人有抱怨的时候，并不一定要说出来，一个脸色一个眼神都能表达出来。我们有职场经验的人都知道，喜欢抱怨的人在办公室是没有朋友的。

总结一句话：抱怨是弱者的特质。

我见过两种极少抱怨的人。

一种是绝对的弱者，这种人天生知足常乐，天生逆来顺受。这种人常常会受欺负，但是并不让人讨厌。你很难说这种特质是好还是坏，但是有一点，这是学不来的。

另一种就是强者了，面对困难面对挫折，总是能冷静地反省自己，寻找解决问题的方法，从不把精力和时间浪费在没有意义的抱怨上。这种人往往喜怒不形于色，总是一副温和或者严肃的样子。在中国历史上那些成功的人,多半具有这样的特质,譬如曹操就是这样的人。赤壁之战败成那个样子,他没有一句抱怨,却能笑得出来。

有的人总以为成功的人总是成功,其实不然,成功的人和失败的人在一开始是一样的,他们的不同是从第一次失败开始的,失败的人在第一次失败的时候开始抱怨,而成功的人在第一次失败之后反省和总结。

孔子有个弟子名叫宓子贱,孔子非常喜欢他,夸奖他是个君子。原文是这样的——

> 子谓子贱:"君子哉若人!鲁无君子者,斯焉取斯?"(出自《论语·公冶长篇》)

那么,是什么品德让孔子这么欣赏他呢?

事情是这样的。

孔子同时推荐了自己的侄子孔蔑和宓子贱去做官,过了一段时间,孔子去看望他们。

孔子问孔蔑:"自从当官以来,有什么得失啊?"

孔蔑开始抱怨,一边说话一边掰指头:"叔啊,要说得到了什么,还真不知道。不过要说失去了什么,那至少有三样。第一呢,公务繁忙,没时间学习了;第二呢,工资太少,喝粥都不够,不能照顾亲戚们,因此亲戚们都疏远我了;第三呢,还是公务繁忙,没时间参加朋友们的婚礼葬礼之类的,朋友们也疏远我了。唉,当官真不是人干的活。"

孔子用同样的问题问宓子贱,宓子贱说:"失去的嘛,好像没有,得到的挺多,至少有三样。第一呢,当初读的书,现在都可以实践了,所以学问更明白了;第二呢,工资虽然不多,可是能够让亲戚们有口粥喝了,所以亲戚们更亲近了;第三呢,公事虽然繁忙,还是能抽出时间参加朋友们的活动,看望生病的人,所以朋友们更亲近了。"

同样的三件事,宓子贱和孔蔑的回答截然相反。

孔蔑不懂得感恩,只知道报怨。而宓子贱懂得感恩,绝不抱怨。

为什么会这样呢?

很简单,期望值不同。

孔蔑的期望值太高了,他以为当了官就能啥也不干就吃香喝辣,结果事情不是这样,因此很失望,也就很抱怨。宓子贱不同,他知道当官是很累的,他的期望值不高,能得到一定的薪水就很满足了。

所以,要避免抱怨,一个可行的方法就是调低期望值。

譬如两个工作条件和工资待遇相同的公司同时招揽人才,一个公司把自己吹得天花乱坠,另一个公司则实事求是。那么,第一家公司的新员工来到之后,发现现实大大低于期望值,就会抱怨不断。而第二家公司的新员工来到之后,发现这里的现实情况高于自己的期望值,于是就能踏踏实实做工作。最终,一定是第二家公司胜过第一家公司。

对于个人更是如此,很多人把对自己的期望值和对孩子的期望值都设定得很高,其结果就是互相抱怨。

这让我们想起古人的一句话:晚食以当肉,安步以当车。

伯夷和叔齐是商朝末年孤竹国国君的两个儿子,俩人都不想继承国君的位置,于是跑去投奔周国。后来周武王伐商,哥俩极力反对,认为这是叛乱。再后来周朝取代了商朝,哥俩发誓不吃周朝的粮食,跑到了山里,吃野菜过活。砍柴的王大哥就跟他们说"现在什么都是周朝的,这些野菜也是周朝的,你们也别吃啊。"

结果,哥俩挺有骨气,野菜也不吃,活活饿死了。

这个就是"不食周粟"的故事。

子贡听说了这个故事,感觉这俩哥们有点意思,于是来问孔子怎么评价这两个人。

"古代的贤人啊。"孔子回答。

"那,他们会不会有怨恨呢?"子贡接着问,他觉得这两位饿死得有点冤。

"他们求仁而得到了仁,为什么有怨恨呢?"

原文是这样的——

> 子贡曰:"伯夷、叔齐何人也?"曰:"古之贤人也。"曰:"怨乎?"曰:"求仁而得仁,又何怨?"(出自《论语·述而篇》)

孔子之所以说他们是贤人,是因为他们很真实,坚持自己的价值观。但是对他们的价值观本身,孔子是不赞成的,因为这显然就是不知天命啊。

子贡的意思是,这哥俩活活饿死,会不会对周朝有怨恨呢?

孔子的意思是,道路都是他们自选的,有什么好抱怨的?

要注意的是,这里的"求仁而得仁"并不是赞赏,而是中性的意思,就是"求啥而得到啥"的意思。

按照孔子的逻辑,君子做任何事情都应该是符合自己的价值观的,因此无论结果怎样,都不应该抱怨。

所以,君子不应该抱怨。

孔子的看法对吗?当然是对的。

当你做出了自己的选择之后,如果成功了,荣耀你来享受。如果失败了呢?后果当然你来承担。

不抱怨,说起来简单,但是做起来绝不容易。

事实上,绝对的不抱怨是无法做到的,就连孔子也做不到。

有一次,孔子跟子贡闲聊。

"唉,没有人了解我啊。"孔子叹了一口气。

"夫子怎么这么说呢?"

"我不埋怨天,也不责备人,下学礼乐而上达天命,了解我的只有天吧!"孔子说道。

原文是这样的——

> 子曰:"莫我知也夫!"子贡曰:"何为其莫知子也?"子曰:"不怨天,不尤人,下学而上达。知我者,其天乎?"(出自《论语·宪问篇》)

不怨天,不尤人,不怨天尤人。

瞧,孔子说得多好。可是整段话里,难道没有一股抱怨的味道吗?

那么,怎样才能尽量地避免抱怨呢?

从《论语》中,其实我们已经看到了答案。

首先,树立"求仁而得仁,又何怨"的思维理念,自己决定做的事情,不论过程中出现什么意外,不论结果如何,坦然接受,不要抱怨。

其次，期望值不要过高。否则，一旦结果远低于期望，就会失望，失望就会抱怨。

在现实的社会中，这一点尤其重要。一方面是从小的伟大理想教育，另一方面是社会的攀比风气，导致每个人都有伟大理想，对自己的期望值高，对孩子的期望值更高。其结果就是期望越高，失望越大，抱怨越多。

有人会说自己的期望值并不高，结果也是失败，怎么办？那就要像孔子一样学会调整心态，要懂得退而求其次，譬如可以这样安慰自己：虽然公司破产了，可是好歹收获了一个老婆啊。

绝对的不抱怨是不可能的。但是，抱怨可以有场合的不同，方式的不同。在恰当的场合以恰当的方式来把抱怨释放出去，不失为一个好的办法。而有的场合是要尽量避免抱怨的，否则产生的后果会比较严重。

譬如孔子在失望的时候会采用击磬的方式来释放抱怨，磬是一种石制乐器，听起来就很无精打采。譬如有的人用写日记的方式来释放抱怨，而现在人们喜欢用吐槽的方式来表达抱怨。

哪些场合是要尽量避免抱怨的呢？

冉雍在去季孙家做管家之前，孔子曾经对他说"在邦无怨，在家无怨。"也就是说在朝廷不要抱怨，在季孙家也不要抱怨。

换言之，如果你是公务员，在单位不要抱怨。如果你在公司上班,在公司不要抱怨。原因很简单,不论是上级还是同事,没人喜欢爱抱怨的人。

在家里不要抱怨,因为抱怨伤害的是家里人。在婚姻生活中,夫妻关系不佳的最大原因就是抱怨,有的是单方面的抱怨,有的是双方互相抱怨。但凡是后者,基本上以离婚收场。

有一个故事可以说一说。

贾题韬是当代的中国象棋名家,家在成都,喜欢佛学。"文革"的时候他被批斗、关牛棚,可是他没有怨言,始终保持乐观。他的一个女同事平时也喜欢佛学,此时也被批斗、关牛棚,女同事非常痛苦悲伤,暗中抱怨。贾题韬于是悄悄地塞给她一张纸条,纸条上写着七个字:此时正是修行时。

女同事豁然开朗。

把苦难当作修行,把挫败当作磨炼,把劳动当作健身,把失恋当素材。肚子饿了吃饭更香,尿憋久了撒出来更有快感。有了这样的心态,你还会抱怨吗?

第七章

反省自己，反省别人

上一章说到了不抱怨，之后呢？

之后要反省自己。否则，不抱怨就等于躺平，就没有意义。

一个老鼠，如果有一次差点被老鼠夹子夹住，那么它就再也不会接近老鼠夹子，为什么？因为它进行了自我反省，之后决定改进自己的行为。

就连苍蝇和蚊子，也都有自省的能力。

人类为什么进步？为什么能够统治世界？就是因为人类的自省能力超过地球上所有的生物。

自省，对于每个人都是非常重要的，要学习进步，要适应世界，要职场晋阶，都要懂得怎样去自省。

《论语》中有很多关于自省的章节，我们按照顺序来说说其中的四条。

先来说第一个。

原文是这样的——

　　子曰:"君子求诸己,小人求诸人。"(出自《论语·卫灵公篇》)

这段话译成现代汉语是这样的:

孔子说:"君子追究自己的原因,小人追究别人的原因。"

这段话在历史上的译文都是不准确的,传统的译文把"求诸"理解为请求或者要求,其实,春秋时期"求"的主要意思是追究,譬如我们现在还在用的"求责",就是追究责任的意思。

这段话的意思就是当出现问题或者挫败的时候,君子是去追究自己的原因,而小人是去追究别人的责任。

追究自己的原因,就是自省。

而小人不懂得自省,一旦出了问题,就是千方百计推卸责任,把责任归咎于别人。

在现实生活当中,我们见到的君子多还是小人多呢?当我们自己遇上问题的时候,是承担责任还是推卸责任呢?

再来说第二个。

原文是这样的——

> 子曰:"躬自厚而薄责于人,则远怨矣。"(出自《论语·卫灵公篇》)

这段话译成现代文字是这样的:

一个人要踏踏实实不断地提升自己加强自己,不要对别人的要求太多、责怪太多。这样,就能远离怨恨了。

关于这段话的译文,传统译文依然是不太准确的,他们把"自厚"理解为对自己严厉责备。其实,中国文字中有个奇特的现象,那就是搭词,有一类字是专门来搭褒义词的,一类字是专门来搭贬义词的。譬如奔和驰,奔专搭贬义词,驰专搭褒义词。同样,厚只搭褒义词,薄只搭贬义词。

这段话在意思上正好承接上面的一句,也就是说一个人遇上困难挫败之后,要反省自己,找出自己身上的问题,从而提升自己。同时,不要去责怪别人,过度要求别人。

自省的好处除了是能够改善自己提升自己之外,这里就说到了自省的另一个好处,就是能够远离别人对自己的怨恨。

这里的道理其实大家都明白,如果你不懂得自省,总是把责任归咎于别人，那么必然招来别人的怨恨，甚至反目成仇。为什么有句话说"朋友不要做合伙生意"，就是因为当大家的利益绑在一起的时候，如果有一方不懂得自省，遇上问题总是推卸责任，双方一定会产生抱怨，最终生意没得做，朋友也没得做。

从这个角度说，朋友也不是绝对的不能做合伙生意，如果双方都是懂得自省的人，不仅生意能越做越好，朋友也会越来越坚固。

所以，自省的两大好处是：提升自己，远离怨恨。

既然自省这么好，怎样具体去做呢？

曾参给了一个范本。

再来说第三个。

原文是这样的——

  曾子曰："吾日三省吾身——为人谋而不忠乎？与朋友交而不信乎？传不习乎？"（出自《论语·学而篇》）

这段话译成现代汉语是这样的：

曾子说："我每天在三个方面反省自己，为人办事是不是尽心竭力了呢？同朋友交往是不是做到诚实可信了呢？老师传授给我的学业是不是温习了呢？"

曾子就是曾参,曾参在孔门弟子中具有最高的品质和情商,既不像颜回那样虚空,也不像子夏那样高傲,也不像子张那样虚伪,也不像子贡那样高不可攀。正是因为这样稳重而踏实,孔子去世的时候把孙子子思托付给了他。

曾参是怎么做到这一点的呢?就是因为他的自省精神。

曾参每天在三个方面反省自己,记住,是三个方面,而不是三次,三次太多了,多到除了反省就什么也不用干的地步了。

曾参为什么在这三个方面反省呢?因为这三个方面就是做事、做人和学习知识。

可以说,曾参的反省模式是一个标准模板,看似三个方面,实际上涵盖了方方面面。

曾参做人的周到细致,可见一斑。

子思在曾参的照料培养之后,后来也成为一代大儒。为什么呢?很简单,因为曾参每天反思的第一项就是为人谋而不忠乎,就是自己对老师的托付是不是做好了。这样的情况下,子思怎么可能不茁壮成长呢?

那么,除了反省自己之外,是不是也可以反省别人呢?

再来说第四个。

原文是这样的——

子曰:"见贤思齐焉,见不贤而内自省也。"(出自《论语·里仁篇》)

这段话译成现代汉语是这样的:

孔子说:"见到贤人,就应该向他学习、看齐;见到不贤的人,就应该对照他自我反省。"

一次女儿做错了事,并且不接受批评,于是父女争吵起来。最后,决定大家反省。反省之后我问女儿反省的结果是什么,女儿说:"如果你对我态度好一点,我就不会跟你吵。"

这样的反省就是帮别人反省,而不是反省别人。

反省别人是什么?是通过别人的问题或者失败,去发现自己有没有同样的问题,是不是需要改正。

看见别人做得很好的时候,就去想别人为什么能做好,我有没有同样的优点,如果没有,就去学别人。

譬如看见你的某个同事得到所有人的喜欢,那么他一定有某种特别的品质,譬如乐于助人,譬如善解人意,譬如做事在前享受在后等等,那么就去学习他。看见某个同学成绩好而且学习很轻松,就去请教他,学习他的方法,学习他的习惯等等。

向好的学习,即便你追不上他,也一定能提升自己。

看见别人有不好的习惯,要反省自己是不是也有同样或者类似的习惯,有的话立即改正。

譬如你看见有人在公共场所大声打电话,招来众人鄙夷的目光,那么你要想想自己是不是也没有注意到公共场所的说话音量,今后要注意。

学习了好的,改变了坏的,你的自省就起到了作用。

这段话的另一个含义就是要去学习。

自省当然是自我反省,但是这不等于闷头去想,也不等于把自己关在小屋里去冥思苦想或者对着荒野格物致知。

譬如你创业失败,你反省自己,但是效果很可能不佳,为什么?因为你本身就缺乏经验,缺乏知识,也就缺乏深刻反省的条件。所以这个时候你需要学习——跟成功的人学习。譬如,你可以向自己的成功朋友咨询,或者阅读人物传记企业传记等等,也可以学习相关的专业知识。从别人那里学到知识,学到经验,这个时候再去反省自己,你就会有恍然大悟的感觉了。

所以切记,自省虽然是自我反省,但绝不等于只是想自我,还要放开眼界,从别人的知识和经验中来看自己。

从另一个角度来看这段话,就是换位思考了,以旁人的眼光来看自己的行为。

实际上,换位思考是一个非常有效的自省方法。

在孔子的时代,自省是一件常见的事情,因为周礼文化给了大家自省的机会,从最高统治者就开始自省。譬如天降灾难之后,最高统治者就会去祖庙自责,认为正是因为自己的过错导致上天的惩罚和警示,自己需要改进。春秋霸主楚庄王曾经有一段时间很郁闷,有人问他为什么这样郁闷,他就说已经很久没有发生灾难了,这是不是上天已经抛弃了自己,不给自己警示了呢?

秦朝开始的封建社会进入专制集权时代,自省精神则从此丧失,皇帝是不会认错的,灾难不再是上天的警示,而是皇帝战天斗地的游戏场。上行下效,自省就成了奢侈品。

那么,《论语》给我们怎样的启示呢?

要懂得自省,要懂得反省别人。好的,保留发扬和学习,不好的,改正和预防。

懂得了反省,就能提升自己,就能远离怨恨。

有了自省的思维习惯,就能随时随地地反省自己。

曾参能做到一日三省,但是不是每个人都能做到,也不是每个人都有必要去做的,自省的频率和自省的范围因人而异,没有必要照搬曾参。

现代社会生活工作节奏都很快,人们的压力更多生活工作更忙碌,这种情况下更应该自省,但是自省的频率没有必要那么高,譬如每周一到两次自省就够了。

除了自省,其实也可以请别人帮自己反省。即所谓的"批评和自我批评",就是自我反省和请别人帮自己反省。理论上这是很好的方式,可是往往因为参与的人根本没有自省意识,反而成了互相揭短互相推卸责任的场合。但是,几个都具备自省能力的朋友在一起自省和互相反省依然是个好办法。

曾参的反省很全面,但是并不是每个人都需要这样全面的反省。通常而言,哪些方面对你最重要,你就在哪些方面反省。哪些方面你做得不好,你就在哪些方面反省。所以,在你决定反省之前,首先要弄清楚你最需要在哪些方面反省。

譬如对于一个肥胖的人,他最急切要做的是减肥,他可能每天要反省自己的饮食是不是健康。对于一个新入职的职员,他最急切要做的是融入新的环境,站稳脚跟,所以他可能要反省的是自己对同事们的礼数是不是周到,对领导的要求是不是有正确的理解。

我们前面说了,专制集权是自省文化的大敌。对于一个团队,一个公司或者一个部门来说,领导者会决定这里的自省精神的有无和程度。如果你是一个领导,要给自己的下属或者员工创造自省的条件。

试想,如果一个人犯了错就枪毙,谁还敢承认错误?谁还能自省?每个人的第一反应一定都是推卸责任。

所以,容错是让人反省的第一重要条件。不能容错,就没有自省。

我们常说:多做多错。如果不能容错,谁还会多做?

我们知道,一些高科技公司鼓励员工去尝试,甚至鼓励犯错。正因为有了这样的容错文化,人们愿意去自省,愿意去尝试,愿意去多做。

同样,要培养孩子的自省能力,家长不仅要创造自省的环境,更要用自己的自省去给孩子做示范。自己做到了,孩子就能做到。

第八章

过而不改，是谓过矣

我们常说：人非圣贤，孰能无过？

是个人，就会犯错误。越是成功的人，就越可能犯错误。每一个外表光鲜的成功人士背后，都是一个个错误积累起来的成功。所以我们有句俗话叫作"失败是成功之母"。

前面两章说过一个人面对挫折和失败，不要抱怨要自省。那么之后呢？

之后就要认错，改错。

对于错误，有的人坦然承认，有的人视而不见，有的人狡辩抵赖。那么，孔子是怎么说，又是怎么做的呢？

那一年孔子周游列国来到了陈国，在陈国，孔子拜会了陈司败。其实陈司败不是个人名，而是个官职。司败就相当于现在的最高法院院长，陈司败就是陈国的法院院长。

两人聊天的时候，陈司败问鲁国国君鲁昭公懂不懂周礼，孔子说那还用说，肯定懂啊，鲁国是礼仪之邦啊。陈司败是个很有风度的人，不愿意当场批评孔子。所以当孔子离开之后，才对孔子的弟子巫马期说孔子说错了，鲁昭公不懂得礼。

为什么陈司败这么说呢？因为按照周礼，同姓不能通婚，可是鲁昭公娶了吴王的女儿作夫人，吴王也姓姬。为了遮掩这一点，原本这个夫人应该叫吴姬或者吴孟姬，却故意改称为吴孟子，让人以为是从宋国娶回来的。

巫马期把这句话告诉了孔子，孔子既没有生气也没有尴尬，而是非常高兴，因为自己犯了错误就能被人指出来，自己今后就不会再犯了。

"我真是幸运啊，一旦犯了错，别人就能知道。"孔子这样说，知道自己错了，不仅认错，还非常高兴地认错。

原文是这样的——

> 陈司败问："昭公知礼乎？"孔子曰："知礼。"孔子退，揖巫马期而进之，曰："吾闻君子不党，君子亦党乎？君取于吴，为同姓，谓之吴孟子。君而知礼，孰不知礼？"巫马期以告。子曰："丘也幸，苟有过，人必知之。"（出自《论语·述

而篇》）

这，就是我们所说的"闻过则喜"了。

这里，陈司败的做法也是非常好的。

有人可能会问，孔子在这里为什么不说"前言戏之耳"呢？

因为说话的对象不一样啊，跟自己的学生可以说"我逗你玩"的，跟陈司败怎么能这样说呢？

孔子对自己的弟子们一直是这么要求的，要求他们有错认错，认错改错。

孔子就曾经对子贡说："要以忠信为原则，有了过错，就不要怕改正。"

原文是这样的——

> 子曰："主忠信，毋友不如己者，过则勿惮改。"（出自《论语·子罕篇》）

孔子认为，有错误并不可怕，改了，就是可贵的。

原文是这样的——

> 子曰："法语之言，能无从乎？改之为贵。"（出自《论语·子罕篇》）

孔子还说，犯错误本身并没有什么，甚至不算过失。知道自己犯了错，还不肯改，这才是真正的过失。

原文是这样的——

> 子曰："过而不改,是谓过矣。"（出自《论语·卫灵公篇》）

从这里我们能够看到，孔子对于犯错的态度是很包容的，他不能原谅的是犯错之后不认错不改错。

春秋时，晋灵公无道，滥杀无辜，士会进谏。晋灵公当即表示："我知过了，一定要改。"士会很高兴地对他说："人谁无过？过而能改，善莫大焉。"

世界上不犯错的人是没有的，那些声称自己永远正确的人，要么是愚蠢，要么是无耻。

有人会说，这个道理人人都懂，认错呢看上去也不是什么困难的事。譬如学校的小朋友就经常认错，员工在老板面前就经常认错，下级官员在上级官员面前那更是经常认错，有的时候没错也要认错。

但是，我们要搞清楚的一点是，孔子所说的认错以及知错能改，是主动的，而不是被动的，不是强迫的。而我们上面所说的全部都是被动的，都是强迫的或者主动被强迫的。

这样的区别其实就是贵族精神和奴才精神的区别。

对于贵族精神来说,错了,我就认错,不需要别人强迫。没错,我就不认错,强迫我我也不认。奴才精神呢?错了,我就是不认错,强迫我,我就认错。没错,我不认错,强迫我,我就认错。

那么,如果一个人明知错了却不认错,他会怎么做?掩饰,抵赖,狡辩。

子夏认为,这就是小人的特征。来看第五个。

原文是这样的——

> 子夏曰:"小人之过也,必文。"(出自《论语·子张篇》)

有一个孔子晒书的故事在这里说一说。

孔子的书房漏雨,所以下雨的时候很多书湿了。等天气好了,弟子们急忙把书拿出来晒。子路一边晒,一边认错:"夫子,都是我的错,书房一直是我在管理,如果我没有懈怠,书就不会被淋湿了。"一旁颜回也认错:"我这几天一直在书房看书,看到屋顶有些破损却没有放在心上,如果我上点心,就不会发生这样的事了。"而孔子也认错:"这不怪你们,都是我的错,按惯例书房每年雨季前都要重新加固,我这几天忙忘了,没有提醒你们,是我疏忽了。"

三人争着认错,三人都是君子。

如果三个人互相推卸责任呢?就是一群小人了。

那么，我们把君子小人放去一边，来说说认错改错的问题。

为什么有的人不认错？很简单，第一是认为折面子，第二是怕担责任。

那么认错改错的人就恰好相反了，第一他们不认为这会折面子，第二他们愿意承担责任。

前面说了，如果犯错就要枪毙的话，那么就没有人愿意反省，人人都要推卸责任。同样，如果犯错就要枪毙的话，也没有人会认错了。

所以，要让人敢于认错，包容的文化是最基本的条件。

譬如皇帝某一天心血来潮或者是喝了点心灵鸡汤，于是让臣子们来给自己提意见，说是言者无罪绝不追究。谁知道大家一提意见，他受不了了，他大发雷霆，结果提意见的人都成了大逆不道大不敬。像这样，今后谁还敢提意见？

所以，契约文化是认错改错的基石。

当你不认错不改错，你不承担责任的时候，这个责任就要由无辜的人来承担，或者由大众来承担，对于君子来说，这是没有尊严的事情，他们无法面对大众鄙夷的目光。因此，他们宁可认错和承担责任，他们认为这样比被人鄙视更有面子更有尊严。所以，贵族文化也是认错改错的必要环境。

你会说，这三个条件我们都没有，所以我们不认错不改错就是理所当然堂而皇之的。

但是，有的时候想问题要反过来想。

譬如你做生意，你需要契约精神。这个时候你会发现，认错改错能够催生你的契约精神，能够让你成为一个优秀的商人。

举个简单的例子，一个企业接受了一笔订单，可是发货之后，购买方发现质量不合格，事实上确实质量不合格。这个时候卖方老板有两个选择，第一是抵赖不认，赚到这笔钱；第二是承认错误进行补救，赔偿对方或者重新发货，宁可亏钱也要坚持契约精神。不认错的那种基本上干不了几年就会破产，而认错的通常会越做越大。

事实上，那些很成功的企业家都有过类似的经历。认错改错反而造就他们的契约精神，得到更多客户的信任，从而企业越做越大。

敢于承担责任，俗称有担当。

我们知道汉高祖刘邦实际上并没有什么才能，为什么最终他统一了天下？最重要的原因就是他敢于承担责任。当初起义的时候，大家推荐首领，其实一开始并没有人推荐刘邦，但是其他人都因为担心起义失败会被秦朝酷刑处死以及牵连全家，所以都退缩了，只有刘邦挺身而出，于是成了起义军首领。

如果敢于认错能够让你成为一个有担当的人,是不是可以试一试?

我们知道,程序员写代码的过程是一个试错的过程,错了改,错了再改,直到把所有的错改正,程序才算完成。没有一个程序员会为自己的错误狡辩,因为那毫无意义。也没有哪个程序员为自己的错误惭愧,因为这本身就是一个试错的过程,电脑不需要你惭愧,只需要你改错。

经过无数次的试错之后,你就会成为一个优秀的程序员了。所以,每一次犯错都是一笔财富。

人生其实也是一样,人生就是一个不断试错的过程。每个人都会犯很多错误,每个人都在错误中成长。狡辩其实也毫无意义,拒绝认错改错,只会让错误累积,并最终爆发。那些历史上的暴君就是这样,他们永远不会认错,他们以为这就证明他们从来不犯错。但是他们不知道,报应总会来到,最终他们会为自己的不认错不改错付出沉痛的代价。

惭愧其实也没有意义,因为这改变不了你犯的错。唯一有意义的是认错改错,这样才能弥补你的过失,并且让自己进步。

很令人感慨的是我们的先秦时期人们对于认错的态度。

战国时期，因为听信了别人的谗言，燕惠王免去了乐毅的职位。后来当燕惠王意识到自己错误的时候，他给乐毅写了一封长信道歉，把自己骂得狗血喷头。

将相和的故事大家都知道，当将军廉颇意识到自己误解了蔺相如的时候，他赤裸上衣背负荆条走过邯郸的大街，跪在蔺相如的门前请求原谅。

为什么他们对自己的错误用这样的勇气去承担呢？说来说去，因为他们的贵族精神。

尊严是贵族精神最重要的内容之一，犯了错误当然是有损尊严的，但是燕惠王和廉颇知道，犯了错误而拒绝承认拒绝改正，那是十倍的有损尊严。他们宁愿让人说"你看，他犯了错"，也不愿意让人说"你看，他明知错了还不认错"。

事实上，无论是燕惠王的道歉信还是廉颇的负荆请罪，都得到当时以及后人的高度评价，这证明认错改错不仅无损尊严，还能把掉下去的尊严捡起来。

而后来为什么人们失去了这种态度呢？

有的人有错不认，有的人认错但是不改错。但是世界上有两种最糟糕的有错不改，一种是愚蠢而固执，一种是聪明过度而过于自信。

愚蠢而固执的人因为愚蠢而意识不到自己的错误，甚至也无法听懂别人的解释。与此同时他还很固执，一定要一条道走到黑。譬如说不要跟流氓做合伙生意，可是他偏要，每一次被流氓坑，他都不认为是流氓的问题，于是一步步下去，直到被流氓坑死。

还有一类人非常聪明非常能干，并且成就非凡，但因此而过度自信，因此而拒绝其他人的意见，最终一招不慎满盘皆输。三家分晋时的智瑶，前秦的苻坚，德国的希特勒都是这样的人，当今世界上也不乏这样的人，那些昙花一现的明星企业家，通常就是如此。

所以，一定要有合理的纠错机制。为什么有百年企业百年老店？靠的不是不犯错，而是合理的纠错机制。

那么对于个人来说，有没有类似的纠错机制呢？当然有。

一个人知道自己的错误有两种途径，一种是自省之后的自我发现，另一种是被别人指出。所以首先你需要有自省的意识，其次你要有接受批评的勇气。

子路是个不怕死的勇士，常常炫耀自己的勇气，孔子笑话他说："你那不叫勇，只能叫好勇。"

孔子看来，真正的勇不是打架不怕死，而是面对错误勇于认错，勇于改错，勇于承担责任。真正的勇不是战胜别人，而是战胜自己的虚荣，战胜自己的怯懦。

如果你在职场，你认为老板会喜欢不敢认错不敢负责任的人吗？

如果你为人父母，你希望你的孩子是个不认错不改错的孩子吗？

要让自己的下属勇于认错改错，要让自己的孩子勇于认错改错，靠说教是没有用的，必须要靠自己的示范。所以，上级和父母首先要自己做到。

其实作为一种技巧，父母不妨故意犯错，然后在孩子的面前认错，这对于孩子来说会是一个非常好的示范。

总之记住一点：犯错并不可怕，认错也并不可耻，而知错不认知错不改才是可悲的。

第九章

婚姻的大敌

实际上,关于夫妻关系,孔子从来没有提到过。但是,这不等于我们在《论语》中找不到相关的有意义的记载。

坦率地说,在夫妻关系上,孔子是个失败者,他很早就离婚了,并且再也没有娶妻。但是,没有经验,有教训也行。

在《论语》中,孔子讲到了自己离婚的原因。原文是这样的——

> 子曰:"唯女子与小人为难养也,近之则不逊,远之则怨。"(出自《论语·阳货篇》)

这段话译成现代汉语是这样的:

孔子说:"只有女子和小人是难以养(相处)的,亲近她(他),她(他)就会无礼,疏远她(他),她(他)就会抱怨。"

有人说这段话怎么是在说夫妻关系呢?我们来看看背景吧。

我们首先把小人剔掉,单说说"女子"。

这个"养"字,可以当养活,也可以当相处,不过在这里都无所谓。孔子说女子难养,当然不是听隔壁老王说的,一定是自己的体会。那么问题来了,孔子一辈子养过几个女子?其实就两个,一个是老婆丌官氏,一个是女儿孔雀。

有人说家里的女仆不算吗?当然不算。首先,女仆不能说养;其次,女仆怎么可能存在"近之则不逊"这样的问题呢?同样,女儿孔雀也不存在"近之则不逊"的问题。

所以,孔子在这里说的难养的女子就是老婆丌官氏。

怎么个难养法呢?就是"近之则不逊,远之则怨"。

孔子在这里发个感慨,但是我们看到的却是孔子离婚的原因。

我们来简单介绍一下孔子的婚姻情况。

孔子十八岁的时候,哥哥孟皮给他从宋国娶了一个老婆,就是丌官氏。当时的情况,宋国比较穷,鲁国比宋国富裕,但是比齐国差。为什么要从宋国娶老婆呢?两个方面原因,第一是孔子的祖先是宋国人,宋国人喜欢族内婚,所以孔子的先祖都从宋国娶亲。第二是孔子家庭条件差,从宋国娶老婆相对容易。

当然了,愿意嫁给孔子这么个外国穷小子,丌官氏家里的条件也不会很好。

孔子当时刚刚成为士的时间不长,家里还很穷,自己在季孙家打工,收入大致也不会很高。所以可以想象亓官氏嫁过来的时候就不是太高兴,甚至怀疑是被骗的。

孔子的性格比较内向,遇事也不喜欢争执。第一个孩子问世之后,家里估计经济比较紧张,亓官氏就开始不满了,孔子就让着她,结果亓官氏就得寸进尺肆无忌惮,话越说越难听,整天找茬。这就是"近之则不逊"。

后来孔子受不了了,干脆远离她,下班很晚才回家,上班早早就走。这时候,亓官氏就又开始抱怨,这就是"远之则怨"。

再后来,孔子开办了"孔子学校",自己创业了。

刚创业的那两年,非常艰难,学生不多收入很少。这个时候,亓官氏不仅没有帮助老公共渡时艰,反而变本加厉地不逊和抱怨,这让孔子在弟子们的面前很难看,也影响到孔子的教学。

最终,孔子对这段婚姻彻底失去信心,断然地把亓官氏送回了宋国老家。直到亓官氏去世,孔子依然耿耿于怀。以孔子后来的地位和名声,其实他是完全可以再娶个几房老婆的,可是他连妾也没纳一个,什么原因呢?应该是这段婚姻令他彻底心寒了。

历史上,这段话常常被认为是孔子在歧视女性,但实际上不过是对婚姻的哀叹而已。

实际上，孔子的这段话展示了一个普遍的现象：在婚姻生活中，抱怨是导致夫妻关系恶化的最主要原因，没有之一。如果是夫妻双方互相抱怨的，要不离婚就真的很难了。

现在的离婚率越来越高，其实我们去分析一下就能发现，大多数的离婚并不是婚外恋、吸大麻、养小鬼、雇人下毒之类不共戴天的仇恨，就是平时互相抱怨，最后积小怨为大怨，看见对方就讨厌。

症结找到了，方法就找到了。

大凡和谐的夫妻关系，和谐的家庭，一定是夫妻之间互相理解、互相信任、互相包容、互相扶持的。就像孔子，如果在他事业的爬坡期，亓官氏能够对他多一些理解和支持，少一些抱怨，孔子怎么可能离婚呢？

俗话说：家和万事兴。

家怎么和呢？多包容，少抱怨。人人都知道这个道理，可是做起来就不那么容易了。

刚看了一个国外的笑话，说有一天一个孩子和父亲在吃饭，随后听到厨房里一阵碗碟摔碎的声音，儿子很镇定地说肯定是妈妈摔碎的，爸爸问为什么，儿子说因为妈妈没有骂人。

从这个笑话引发出另一个问题，那就是现代女性与从前不同，现代女性不仅在外面要工作，在家里还要做家务，如果再管孩子的学习，那真是压力很大，这个时候，发脾气以及抱怨实际上都是可以理解的。这不仅在中国,在全世界都是如此。

理解了这一点,男方就应该体现出更多的包容。

有的家庭,老公喜欢在外面充阔,老婆喜欢在外面攀比;老公嫌老婆管得紧,老婆嫌老公挣得少,互相抱怨越来越多,最后就是走向家庭破裂。

总之,抱怨是夫妻关系的头号敌人。

要有一个好的婚姻,首先要有正确的择偶标准。

对于这一点,子夏有过论述。

子夏说:"娶妻的时候看重妻子的品质才能而非外貌,侍奉父母竭尽全力,服侍君主全副身心,同朋友交往,说话诚实恪守信用。这样的人,尽管他自己说没学问,我一定说他有学问。"

原文是这样的——

> 子夏曰:贤贤易色,事父母能竭其力,事君能致其身,与朋友交言而有信。虽曰未学,吾必谓之学矣。(出自《论语·学而篇》)

这是子夏对自己为人处世的一个总结,包括了夫妻关系、与父母的关系、与君主的关系和与朋友的关系。

在这里,我们只说夫妻关系。

我们知道,子夏是一个实用主义者,重实用不重外表,所以他说"贤贤易色",第一个贤是看重的意思,第二个贤是贤惠的意思。易是看轻的意思,色是外貌的意思。

子夏的意思是,对妻子,要看重她的品质,而不是她的长相。

基本上,这是子夏的择偶标准了。

我们知道,通常的那种泼妇,不管是来自市井还是来自乡下,都是没有文化的。所谓大家闺秀通常知书达理。

所以在择偶的时候首先要看人品。人品怎么看?看他(她)的受教育程度,看他(她)的家庭环境,看他(她)的言谈举止。

至于长相,当然谁都喜欢好看的,但是所谓"两害相权从其轻",所以长相要放在其次。

有人说孔子当初是不是太看重长相了?当然不是,孔子那时候穷得叮当响,哪里还能挑人的长相?说句实话,孔子娶妻基本上等于某些农村的穷人娶不到本地老婆,只能从更贫困地区娶老婆一样。

我们知道诸葛亮的老婆就很难看,但是很贤惠。而且,这是诸葛亮主动求婚的,可见诸葛亮读《春秋》是很有心得的。

我们知道朱元璋的皇后马皇后就很难看,但是很贤惠。当然我们也知道汉光武帝的皇后阴丽华很漂亮,但是也很贤惠。

所以不是说漂亮就一定是个泼妇,只是说长相要放在人品的后面。有的人人品好又长得漂亮,有的人人品差还长得龌龊。

现代社会有一个很不好的现象就是攀比，攀比衍生出了炫富，炫富则导致家庭内部的抱怨。小马和小牛是两个好朋友，常常两家一块吃饭。两人的老婆都喜欢攀比，所以都在对方面前吹嘘自己家里多么有钱。不幸的是，她们都相信了对方的话，于是感觉心理很不平衡，开始不断地抱怨自己的老公，甚至说话非常难听。终于，两人都离婚了。离婚之后，小马和小牛又在一块喝闷酒，聊起来才发现原来是这么回事。

很多的时候都是这样，这山望着那山高，可是真的离婚之后，才发现那山其实没有那么高。

那么，既然抱怨是婚姻的头号敌人，如何去避免抱怨呢？

首先，贤贤易色，防患于未然，危邦勿入乱邦勿居。婚前一定要考察好，那种自私的爱慕虚荣的胡搅蛮缠的千万不能要，千万不要被美色遮蔽了双眼。尤其是自身条件不行的时候，贪图美色只能带来灾祸。武大郎娶了潘金莲的下场是什么，大家是知道的。不是西门庆，就别娶潘金莲。

除了对对方的品质有了解之外，对方的家庭背景也是需要考虑的因素。门当户对的观念虽然受到批判，但是却是很有道理的。如果家庭背景差距太大，那么生活理念生活习惯的差别就会很大，而这些都为日后的互相抱怨埋下伏笔。其实在这一点上，孔子嫁女儿也是这样的。电影里演的灰姑娘的故事或者穷小子娶了富婆的故事虽然很励志，但实际上并不现实，即便真的有，其结局也多半不好。

其次，在结婚之后对未来的生活应该有清醒的认识，应该有同甘共苦的心理准备。面对一时的挫折和不顺，要互相包容互相鼓励，去解决问题而不是制造问题。

俗话说得好：每个成功男人的背后，一定有一个女人，一个不抱怨的女人。事实上，每个失败男人的背后，也一定有一个女人。

世界历史上很多国家的灭亡，背后都有女人的影子，譬如特洛伊木马中的海伦、埃及艳后、周朝的褒姒、唐朝的杨贵妃、明朝的陈圆圆等等，于是中国的史学家们称之为红颜祸水，认为这是女人亡国。

其实，这样的说法是不公正的。红颜并不是祸水，只是男人把祸水泼到了红颜的身上。反过来说，一个成功女人的背后，一定有一个男人。

岁月就像一把杀猪刀，一刀一刀催人老。而抱怨就像一把小片刀，看上去每一刀都不致命，但是割得多了，也会遍体鳞伤，满目疮痍，再也回不到原来的样子。

第十章

交友要交比自己强的

俗话说：在家靠父母，出门靠朋友。

每个人都需要朋友。

有人说，我不，我宅男宅女一辈子啃老，在网络上终其一生。

那，你也需要网络上的朋友。

古人说过：相识满天下，知交无几人。一个人能交到的真正朋友其实并不多，酒肉朋友很多，吃吃喝喝可以，真正对自己有帮助的不多。

所以，择友要谨慎，不能滥交。朋友不是路人甲，朋友之间是要互相帮助的，是要互相影响的。一个好的朋友，有可能提升你的境界，改变你的命运。一个坏的朋友，有可能让你受到伤害遭受损失，甚至自己也变成坏人。

事实上，朋友的影响力往往大过家人。一旦误结损友，很可能后患无穷。

在择友的问题上,孔子看得很通透,很实际,不玩虚的。

有一次子贡来问孔子该交什么样的朋友。"不要跟不如自己的人交朋友。"孔子说。原话是——

毋友不如己者(出自《论语·学而篇》)。

看上去,好势利眼啊。

历来的大师们对孔子这句话的解读,为了证明孔子不是势利眼,往往把这句话朝相反的方向解读,譬如钱穆就说"决非教人计量所友之高下优劣,而定择交之条件",南怀瑾更是解读为"没有朋友不如我的"等等。

我觉得这句话的意思就是原意,没什么好说的。

那么,在择友的问题上,孔子是不是势利眼呢?你说他是,他就是。说他不是,他就不是。

拿孔子自己为例,他的朋友就是三教九流都有,但是主体都是卿大夫,档次很高的。

要准确理解孔子的话,还是要弄清楚这段话的背景。

这是孔子对子贡说的,这个时候子贡入学时间不长,喜欢跟一些层次比较低的同学混在一起,整天忽悠他们。而冉有、子路、颜回这样的学生对子贡都是避之而恐不及。所以这个时候孔子就教导子贡，要他多跟冉有子路这样的好同学交朋友，从他们身上学到长处。

这句话对不对呢？当然对。

俗话说：近朱者赤近墨者黑。交什么样的朋友，就受什么样的影响。交比你强的朋友，你就能进步。交比你差的朋友，你就要退步。

有人说莲花出淤泥而不染，兄弟，那是莲花，你去试试看自己染不染？

但是，这里的重点是弄清楚什么是比你强的，什么是不如你的。

以子贡为例，论见多识广口才交际，没人比他强。但是论到做事的周到严谨，他就不如冉有；论到正直公正受人敬重，他就不如子路。那么，冉有和子路是比子贡强呢？还是不如子贡呢？所以，不如自己不是指所有方面，而是指自己看重的方面。

所以，你可以说孔子是势利眼，他交友的原则是要交对自己有帮助的人。

你也可以说孔子不是势利眼，他不会因为你比他穷或者地位不如他就不跟你结交。

根据记载，在孔子去世之后，子夏总是跟比自己贤能的人交往，因此一直在进步。而子贡本性难移，喜欢跟不如自己的人交朋友，结果一直在退步。

除了在才能方面、品质方面要选择之外，孔子认为在性格方面也要选择。

孔子对弟子们说过这样的话："有益的交友有三种，有害的交友有三种。同正直的人交友，同诚信的人交友，同见闻广博的人交友，这是有益的。同性格乖僻的人交朋友，同没有主见的人交朋友，同花言巧语的人交朋友，这是有害的。"

原文是这样的——

> 孔子曰："益者三友，损者三友。友直，友谅，友多闻，益矣。友便辟，友善柔，友便佞，损矣。"（出自《论语·季氏篇》）

因为原文中有"友谅"，我们顺便插一点有趣的小故事。

元朝的时候，很多汉人连个正经名字都没有，多半用数字做名字，什么刘老六、牛十三等等。譬如朱元璋的本名叫重八，因为他是八月初八生的。后来农民起义之后，大家就觉得要起个体面一点的名字，所以朱重八就成了朱元璋。很多人就从圣贤书里找名字，有一个叫陈五斤的农民军首领就改名叫陈友谅，这名字就是从《论语》的这一章来的。还有一个叫张三四的农民军首领取名张士诚，后来有人告诉朱元璋说张士诚被给他取名的人耍了，因为在《孟子》里有句话是"士，诚小人也"。从那之后，朱元璋就总是怀疑文人耍他，于是开启了文字狱。

回归正题，孔子在这里讲择友的标准。

有三种品质或者性格的人是可以结交的，正直的、诚信的和见多识广的，这很容易理解。其中，正直和诚信是品质，可是见多识广并不是品质。由此可见，孔子交友，并非只注重品质。

三种品质或者性格的人是不能交朋友的，同性格怪癖的人是很难长久相处的，这一点容易理解。跟花言巧语的人是很难相互信任的，这一点也容易理解。

那么，为什么不要跟"善柔"的人交朋友呢？

大致历来的大师们都感觉"善良柔弱"是个褒义词，认为孔子不可能看不起"善良柔弱"的人，因此把"善柔"都解释为谄媚和阴险的，按理说他们不应该不知道谄媚就属于奸佞。按照他们的观点，孔子结交朋友的标准只能有品质，不能有性格。

但是，"善柔"就是性格。"善柔"就是善良而柔弱，确切地说就是优柔寡断缺乏主见。这种人并不是坏人，品质没有问题。但是，这样的性格非常糟糕。

譬如唐僧就是这样一个人，爱管事却又耳根子软，没有主见还缺乏原则，成事不足败事有余，谁跟他交朋友都会被他连累。

《三国演义》中的益州牧刘璋就属于一个善柔的人，因此被刘备轻松夺走了自己的地盘。

中国有句俗话叫作：马善被人骑，人善被人欺。

人善良了被人欺负，再加上没有主见，基本上就是任人宰割。跟这样的人交朋友，除非你纯粹为了慈善，否则，有什么意义呢？

当然，还有一些性格是不适宜交朋友的，譬如斤斤计较的，喋喋不休的，不敢承担责任的等等，为什么孔子要单独强调"善柔"呢？因为其他的性格是很容易做出判断的，可是"善柔"具备迷惑性，很多人会认为这是美德而愿意交这样的朋友。

按照传统的对孔子和《论语》的解读，好像孔子永远在仁义道德的层面上说话，其实根本不是那样，孔子是一个真正的实用主义者，方法论者。

在孔子的弟子之中，比孔子更实用主义的就是子夏了。对于择友这个问题，子夏更加直接。

有一次，子夏的弟子去问子张该怎样择友。

"你老师怎么说呢？"子张问子夏的弟子。

"老师说了，如果有人来要求交友，我觉得行的，就答应他，我觉得不行的，就拒绝他。"子夏弟子这样说。

"那怎么行？君子嘛，要大肚能容，对贤能的人要尊重，对能力不足的人也要鼓励啊。如果我们本身很贤能,什么人不能结交呢?要是咱们自己不够贤能,人家根本就不会来结交我们。"子张大义凛然地说,他的意思是,君子应该来者不拒,而他自己就是个大号君子。

原文是这样的——

> 子夏之门人,问交于子张。子张曰:"子夏云何?"对曰:"子夏曰:'可者与之,其不可者拒之。'"子张曰:"异乎吾所闻。君子尊贤而容众,嘉善而矜不能。我之大贤与,于人何所不容?我之不贤与,人将拒我,如之何其拒人也?"(出自《论语·子张篇》)

子夏和子张年龄相仿,都是孔子最后一批弟子中的佼佼者,两人之间的关系非常差,互相瞧不起。子夏研究学问喜欢从细节从切身去做,就是俗话说的实用主义。而子张喜欢从道德的高度去看待任何问题,显得非常高尚。

谁对谁错呢?

俗话说:不看广告看疗效。

从实际效果上看,子夏的朋友虽然也不多,可是扎扎实实有几个,譬如子贡、曾参等,可是子张貌似没什么朋友。而且,子夏的门人后来成就非凡,子夏的朋友圈中有田子方、魏文侯、公子成这样的人物。

由此可见,子夏的说法才是对的。

所以,交朋友一定要有所选择。

如果来者不拒,那么不仅鱼龙混杂,而且会拉低自己的交友档次,真正值得交的人就不愿意和你交友了。

我们来到现实世界,看看择友的问题。

按照孔子的说法,品质、能力、性格,这些都是择友的决定要素,如果一个人在这些方面都不如自己,就不要跟他交朋友,因为对你毫无益处。交这样的朋友,也就是酒肉朋友而已。

但是,有一个现实的因素是孔子没有提到的,那就是一个人的背景。

如果一个人在以上的几方面都不如你,但是家庭背景很好,家里很有钱或者很有权,对你的事业会有帮助,这样的情况下,交不交这样的朋友?理想很丰满,现实很骨感,这样的人往往是人们争相交好的对象。问题是,人家愿不愿意结交你。

实际上在孔子的时期恐怕也是这样,家里有钱有背景的子贡、冉有、公西华这样的人,恐怕是大家都想结交的。

所以,品质、能力、性格和背景可以被称为择友的四大因素。如果有人在这四个方面都比你强,那一定要努力去结交他。如果有人在这四个方面都不如你,那就做一个熟人好了。

但是,怎样去品评一个人在以上几个方面的情况呢?

通常的办法,你可以参考周围人对他的风评,看他的朋友圈,因为物以类聚人以群分,如果他的朋友都是些积极上进品质良好的人,他一定差不了。你可以看他怎样对待自己的朋友,如果他能力很强背景很强,但是对朋友很傲慢,这样的人也不值得去交。你可以看看他对自己父母的态度,有的人事业成功,但是对自己的父母很差,这样的人也不值得交往。

其实何止个人如此,国家之间的交往也是需要选择的,而选择的标准也是同样的。

现在有句话叫作:什么样的朋友圈,决定你有什么样的境界。什么样的境界,决定你有什么样的成就。

这句话真的是非常有道理,譬如你想拍电影,那么你就要混入影视圈的朋友圈,那里面有各种资源各种人脉。你如果混进去的是厨师的朋友圈,你可能连给导演做饭的机会都没有。

过去我们有句俗话叫:宁为鸡头,不为凤尾。

这句话就是错误的,鸡头再怎么样,你也不过是在鸡的圈子里。凤尾再不怎么样,也是在凤凰的圈子里。

现实生活中,很多人择友是随机的,或者说根本没有择友的概念，碰上谁是谁。但是，有些人很聪明，他们会主动去寻找对自己有帮助的朋友。

讲个我自己经历的故事，当年我大学毕业被分配到了一家大型企业，我很傻，整天除了上班就是找人踢球。可是同分去的几个哥们不傻，人家很快就跟总经理的儿子混熟了，总经理的儿子也是我们那一届的。后来，就不详细说了，人家很快取得了很好的业绩。

我从前自以为是很高傲，从来不主动跟人结交，只等别人来跟我交朋友，现在看来真傻，所谓高傲，其实就等于"傻"。

对于一个人来说，首先你应该确定自己的目标，然后朝着这个目标去努力。但是你一个人努力是不够的，你还需要朋友的帮助。所以，你要有意识地寻找能够帮助你的朋友。

第十一章

交友三原则

选择朋友是有学问的。与朋友相处更是需要学问的。

有的人以为与朋友相处只要热情真诚就行,有的人以为与朋友相交就应该无话不谈,有的人以为好朋友借钱就应该二话不说。其实,真不一定是这样的。

我们不妨来看看孔子和他的弟子们有什么说法。

孔子认为,朋友是分三六九等的。不同的朋友,相处的方法自然是不同的。

事实上是这样的,朋友是有分类的,患难之交和酒肉朋友显然不是一类,男有哥们,女有闺蜜。有的朋友适合吃喝玩乐,有的朋友适合坐以论道,有的朋友适合一起创业。有的是益友,有的是损友。有的是布衣之交,有的是庙堂高朋。所以,与朋友相处的第一件事是弄清楚这个朋友属于哪一类的朋友。

孔子把朋友分成四个层次。

第一层,酒肉朋友,吃吃喝喝玩玩。

第二层,志趣相投,吃喝之外,还能共同做一点什么。

第三层,性格互补,不仅能共同做什么,还能互补互助,实现能量的最大化。

第四层,不仅志趣相投性格互补,价值观也很合拍。

孔子的原话是这样的——

> 子曰:"可与共学,未可与适道;可与适道,未可与立;可与立,未可与权。"(出自《论语·子罕篇》)

这段话译成现代汉语是这样的:

孔子说:"(有的人)可以一起学习,却不能共同去追求目标;(有的人)可以一同去追求目标,却不能很好地合作;(有的人)可以很好地合作,却不能共同变通。"

很显然,这段话是说给自己的弟子们的。

弟子们都在这里学习,但是,大家的目标并不是一样的,子贡想经商、子路想当官、子夏想研究学问等等。有的人目标是一致的,譬如子张子游子夏都想成为一代宗师,发扬老师的学说,但是性格不同背景不同,结果很难合作,总是互相抨击。有的人目标也相同,还能够合作,但是该变通的时候并不是都能够变通的,这个时候又会产生分歧。总结起来,这是同学关系的层次。

最一般的关系就仅仅是同学而已,高一层的关系是志趣相投的同学,更高一层的关系是不仅志趣相投,并且可以合作起来做事的同学,但是最高层次的关系是不仅仅志趣相投并且能合作做事,而且具有高度的默契,遇上问题的时候能够有同样的变通方式。

我们常说的"默契",就是变通的节奏相同。如果双方都不懂得变通,就根本谈不上默契了。具体举个例子。

小张和小王是大学同学,这是第一层关系。之后两人发现有共同的理想,就是今后开个咖啡馆,这样就有了共同话题,关系更进一步。之后两人发现性格互补,小张雷厉风行,小王细致耐心,于是,两人有了合作的基础。大学毕业之后,合伙开了咖啡店。之后,遭遇了经济危机,咖啡的市场骤然变小,两人又同时决定改做烧饼店,这就是默契,于是继续合作,渡过难关,这就是最高层次的同学关系了,将来一定能够东山再起。

总结而言,同学关系就是这几个层次:同学而已、志趣相投、性格互补、思想合拍(默契)。

同时,这也是朋友的层次。

第一种朋友是很容易交的,现实中绝大多数人交的都是这样的朋友,所以酒场饭圈火爆,吃吃喝喝吹吹牛逼,称兄道弟好不亲热。

第二种则进了一步，譬如几个朋友在一起，决定农民起义或者共同开一家酒店，这就比第一种有意义得多了，譬如说陈胜吴广起义就属于这一类。有人说那么泰山会、长江商学院是不是属于这一类？当然不属于，因为他们根本就不是朋友，他们直接就是奔着互相利用互相帮助去的，奔着利益去的。所以，有共同利益的时候他们是朋友，一旦有个风吹草动就做鸟兽散了。

第三种又进了一步，不仅合作，而且能很好地合作互补。历史上，管仲和鲍叔牙就属于这一类了。

第四种是最高等级，基于价值观以及方法论的相同，他们不仅配合默契，关键的是在困难和意外发生的时候，他们依然能保持同步。这就像在激流中行进的小船上的船工，他们的配合稍有差池就会船翻人亡，可是他们总是能够配合得天衣无缝，甚至比一个人的四肢还要默契。这样的朋友就是把命绑在一起了，绝对是可遇不可求的。

朋友之间不仅是分层次的，还是分类别的。

曾经有一次，孔子要出门，恰好要下雨，于是子张建议孔子借子夏的伞来用，因为子夏恰好有一把新伞。子张之所以建议用子夏的伞，是想让子夏难受，因为子夏比较吝啬，平时绝对不借东西给别人。

"别出这馊主意了,"孔子当然知道子张的算盘,也当然不会上当,"子夏这个人不是那种很大方的人,不过这没有什么。告诉你,跟一个人交往,尽量看到他的长处,包容他的短处,这样就能长久地交往。"

孔子说得非常对,每个人都有短处都有长处,朋友之间要多看对方的长处,规避或者包容对方的短处,这样才能长久下去。如果只是看对方的短处,那这样的朋友肯定是做不长的。

举个例子,就说子夏,长处是聪明有学识,短处是比较吝啬。那么,跟子夏交往,怎么规避和包容他的短处呢?很简单,咱们不一块出去吃饭。或者,出去吃饭我都主动买单。怎么发挥他的长处呢?我家孩子成绩不好,多去跟子夏请教。这样,他也不觉得欠我人情,大家相处会越来越好。

根据一个人的特点,就可以进行分类了。

学问好的,跟他讨论学问;出手大方的,跟他出去吃农家菜;喜欢旅游的,跟他组团去非洲。总之,要让你的朋友避开他的短处而发挥他的长处,这样,你的朋友有成就感,而你也能得到帮助。这,就是交朋友的相得益彰了。

举个例子,一个杀猪的朋友,你邀请他参加赛诗会,这就是缺心眼。相反,一个有钱的朋友,你请客让他帮你买单,他高兴着呢。

与朋友相处,除了要包容之外,也要保持距离。

历史经验告诉我们,如果两个朋友到了不分你我的程度的话,基本上离决裂就不远了。

朋友之间需要一个舒适的距离,不要触碰各自的隐私。除此之外,还有我们前面说的,不要因为双方是朋友,就过度地劝说。

前面孔子对子贡说过"忠告而善道之,不可则止,无自辱焉。"

实际上,子游也说过同样意思的话。子游说:"对君主劝谏多了,必然受到羞辱。对朋友劝说多了,必然被疏远。"

原文是这样的——

> 子游曰:"事君数,斯辱矣;朋友数,斯疏矣。"(出自《论语·里仁篇》)

子游这个人,聪明而且灵活,口才也好,在孔子第三代弟子中情商最高,最懂得如何处世。这两句话,实际上就是他的处事原则。从这两句话,也能看出子游这个人也是相当清高自傲。

尽管话是子游说的,思想还是孔子的。处事交友,点到为止,所谓心有灵犀一点通。点了没点到,也要止。没有灵犀,戳破了也没用。眼看他犯错,还不能说,心里窝火,怎么办?人各有命,祸福自求。

所以,朋友之间,就算再好的朋友,也要保持一定的距离。那种你的就是我的,我的就是你的,不把自己当外人的做法,迟早是要出问题的。

再好的朋友,说话也要注意分寸,不管是规劝还是善意的批评,点到为止。说多了,朋友随时变仇人。

距离产生美,不管是男女之间,还是朋友之间,都成立。

前面说到了包容,说到了保持距离,都是在告诫大家不要做什么。那么,要做的是什么?朋友之间交往的基石是什么呢?

曾子每天反省自己的其中一项就是:与朋友交而不信乎?

子夏总结自己人生四大准则中也有相同的一项:与朋友交言而有信。

曾子和子夏的观点出奇地一致:交友要守信用。

基本上,这两个人都这样说,就可以肯定这是孔子的观点了。也就是说,对于交友而言,孔子最重视的就是言而有信。

朋友关系的基石是什么?信任,互相信任。

怎样才能做到互相信任?言而有信。

对你的朋友,一定要言而有信。即使你对全世界都不守信用,对你的朋友也要守信用。俗话说:秦桧还有三个朋友。这说明什么?说明秦桧对这三个人还是言而有信的,该提拔提拔,该奖赏奖赏。

举个现实的例子,譬如朋友找你借钱,你可以选择不借,什么理由无所谓,真正的朋友不会因此而远离你。但是,你一旦答应了借,你就一定要借,否则这个朋友就没得做了。

进一步,任何会危及到相互信任的事情都应尽力避免。如果相互之间已经有了误会和怀疑,那么一定要尽快地解决掉,如果没有更巧妙的方式,那就直截了当。要知道,很多朋友之间的关系被破坏,都是因为误会。

信任,也是判断两个人之间是不是朋友的标准。譬如两个人之间看上去非常热情,但是如果他们之间没有信任,他们就不是朋友。相反,如果两个人之间的关系看上去平平无奇,却互相信任,他们就是朋友。所以,如果你不知道谁是你的朋友,你可以用这个标准去判断一下。

到这里,我们知道《论语》教给我们的交友三大原则。

要包容朋友的短处,发扬他的长处。

朋友之间也要保持一定的距离,尊重隐私,点到为止。

朋友之间一定要言而有信,信任是一切的基石。

最后我们要举一个例子,这个例子就是《水浒传》里的宋江。

我们知道,宋江文也不行武也不行,家里没背景,人还长得又黑又矮。可是,朋友满天下,而且他还是老大,他是怎么做到的?

其实,就是学《论语》学到的。

首先，包容朋友的短处，发扬长处。譬如宋江就知道雷横是个小气鬼，没关系，我给钱啊。知道李逵是个莽撞人，没关系，我管着你啊。你看宋江，从来不说谁的坏话，从来不批评谁。

其次，朋友之间也保持距离，谁见宋江劝过谁呢？没有。

言而有信，这是宋江最大的优点了吧。譬如对王矮虎，说了给他找个老婆，最后就把扈三娘给他了，说话算数。

做到了这些，宋江就有了很多朋友。

但是，仅仅做到这些，是没有办法成为朋友圈的核心的。

要成为朋友圈的核心，还需要一个本事：资源的交叉使用。

宋江很懂得观察，他非常清楚这些朋友们各自的优点，各自的资源。自己没有资源没关系，只要自己能够居中调节朋友圈的资源也行。

譬如在郓城，宋江和黑社会老大晁盖是朋友，跟两个"县公安局"局长朱仝和雷横也是朋友，于是宋江一边用晁盖的钱满足朱仝和雷横的财富要求，一边利用朱仝和雷横为晁盖提供保护。

再譬如宋江和清风寨的几个头领收服了秦明，秦明老婆孩子都被杀了，宋江就把花荣的妹妹嫁给了秦明，又是资源互换。

总之，宋江善于调动圈内资源，使得大家互通有无，大家受益，而宋江顺理成章成为了这个圈子的核心。

那么现实社会也是如此，我们知道很多圈内老大其实并没有什么过硬的背景,怎么成为老大的呢?跟宋江一样。首先运用《论语》三原则广交朋友,之后通过朋友圈的资源调配逐步确立核心地位。

当一个人能够把朋友资源组合起来的时候,他就可以做一点自己想做的事情了。譬如刘邦,他就把韩信的军事才能,张良的策划才能和萧何的管理才能组合在了一起,于是他当了皇帝。

所以大家都应当有一个理念,朋友不应当仅仅是用来吃吃喝喝的,而是应当互助互利,组合资源,做一些事情的。

举一个反面的例子,有个歌手名叫臧天朔,出名之后自己开了一间酒吧,朋友们来酒吧喝酒,不管酒多贵一律免单,于是朋友们隔三岔五来,都说臧天朔仗义。免费吃喝的人太多,酒吧一直亏损,为了维持下去,臧天朔干上了灰色生意,带一帮人收保护费。结果没多久被抓了,称兄道弟的朋友们逃的逃躲的躲,没一个出来救他的。

臧天朔的问题在哪里呢?他的问题就在于他把这些人当朋友,这些人把他当凯子。如果这些人真的把他当朋友,就应该帮衬他的生意。我给你打折,你给我带客人来。这样的互利互助才是真朋友,才能长久下去。

第十二章

定位决定成败

有的人,从小很聪明也很勤奋,被许多人看好。有的人,从小没什么才能,大家都不看好他。可结果,前者一无所成,后者却有所成就。这是为什么?

前段时间有个段子。一个班里,成绩很好的,上了好大学,结果无非在大城市苦苦地做房奴。成绩中等的,上个一般的大学,毕业之后留不到大城市,于是回到家乡小城市,日子过得风声水起。成绩比较差的,没上大学,结果却当了老板。

到毕业十周年二十周年同学会的时候,就成了成绩差的同学做东,成绩中等的同学讲话,成绩好的同学只能挨桌敬酒了。

这个段子比较夸张,但也有一定的可能性。

为什么会这样?

说起来,原因可能千千万。

但是，有一个原因是千真万确的，那就是个人定位。

孔子曾经在齐国待了一年，这期间认识了老高，关系还不错。子路这时候跟着孔子，跟老高关系也不错。

后来孔子回到鲁国，老高的儿子高柴来跟孔子学习，子路很照顾他。再后来孔子担任了鲁国的大司寇，子路做了鲁国第一大家族季孙家的大管家。这个时候季孙家的大本营费邑需要一个邑宰，也就是费邑市的市长。子路就推荐自己的师弟高柴去，孔子知道了急忙阻止，说这样是害了高柴。子路不服气，所以师徒二人就争了起来。原文是这样的——

子路使子羔为费宰，子曰："贼夫人之子。"子路曰："有民人焉，有社稷焉，何必读书，然后为学。"子曰："是故恶夫佞者。"（出自《论语·先进篇》）

孔子为什么要这样说呢？

因为费邑是季孙家最大的一块地盘，季孙非常看重，而且很多人都想做这个费邑宰。另外，前段时间，前任的费邑宰公山不狃占据这里造反，刚刚被赶走，还有很多残余势力在这里。

这样的情况下，什么样的人适合做费邑宰呢？深得季孙信任的，本身根基很牢固，人脉很广的人。而高柴这一年只有二十三岁，性格内向不善交流，并且不是鲁国人。因此从性格，从能力，从知识，从人脉等等各个方面来说，都不适合担任费邑宰。如果他真的担任了费邑宰，被撤职还算幸运，很可能就被杀掉了。

所以，孔子说子路是在害他。还好，季孙没有听从子路的举荐。

那么，子路在这里犯了什么错误？定位的错误。

他完全是从自己跟高柴父亲的关系出发，而不是从高柴是不是适合这项工作出发。动机上是在帮助高柴，实际上是在害他。

后来，按照孔子的建议，子路推荐了另一个师弟冉有。冉有的家族世代在季孙家效力，可以说冉家的根基雄厚，而冉有的能力又很强，因此季孙接受了这个推荐。结果，冉有做得不错。

孔子在这里告诉我们一个道理：定位很重要。合理的定位，能够让一个人发挥自己的才能，达成自己的目标。而不合理的地位，则可能让一个人难以适应自己的职位，沮丧失落丧失信心，严重的甚至危及生命。

那么这里来说说上面的问题。

我们的教育模式往往导致定位过高，譬如我们的孩子从小就被教育长大之后要成为科学家、企业家、官员等等。于是，成绩好的学生就都有伟大的目标，也就是伟大的定位。问题是，山外有山人外有人，真正能实现伟大目标的可以说凤毛麟角。于是，成绩好的同学考上好大学，然后留在大城市，期待着伟大理想的实现。但是，限于能力、人脉、学识等等的不足以及激烈的竞争，绝大多数人最终只能成为朝九晚五的上班族，成为一个房奴。

成绩中等的同学当然不敢有那么高的定位，上不了好大学，毕业之后只能乖乖回到家乡，靠着家族的关系去个不错的单位。之后，慢慢地熬出头。原本，这些县里市里的职位应该是那些成绩好的同学的，可惜的是，他们定位过高去了大城市，于是这些位置就留给了成绩中等的同学。

成绩不好的同学的定位当然也就很低，考不上大学，只能去工地当工人。有的人头脑灵活，家里又有点关系，于是当上了包工头。再之后，努努力拉拉关系，成了房地产老板。

其结果就是，能力最强成绩最好的那些同学因为定位过高而一脚踏空，反而把机会留给了成绩和能力都比自己差的人。

当然，并不是所有成绩好的同学都定位过高。

准确的定位能够让人少走弯路，这也很重要。

我自己的例子就很生动。看我在这里解读经典，可能人们以为我是学中文学历史的。其实我是学理工的。

高考的时候，我的强项是数学、物理和语文，非常强。弱项是英语，非常弱。同时，我的性格内向不善交际。怎么样，典型的理工男吧？

我的定位其实应该很简单，要么学计算机学机械自动化，要么学中文。可是，那时候管理学科最热，于是我报了大连理工大学工业管理专业，目标是当总经理。可是我那时候不知道的是，我根本不是当总经理的料。

就这样，这个世界失去了一个优秀的工程师或者科学家或者发明家，多了一个半路出家的作家。

实际上，我那一届的管理工程专业的平均入学分数是全校第一，很多同学的成绩可以上清华北大。遗憾的是，大多数人跟我一样属于定位错误，这个世界因此失去了六十多个优秀的工程师。

如果可以重新选择的话，我或许会去学计算机或者自动化。但是我依然不会去学中文或者历史，因为我发现学中文的人好像不会写小说，而学历史的人似乎根本不懂历史。难道，他们也是定位错误？

那么，怎样才能给自己一个正确的定位呢？

首先要了解自己，了解自己的兴趣爱好和专长，了解自己的能力所在。用句简单的话来说，就是要有自知之明。当然，自知之明实际上并不容易做到，否则就不会有那句"撒泡尿照照自己"这样的哲学名言了。

其次你要懂得比照,懂得加权分析的方法。你篮球打得不错,想打NBA,那就把NBA球员的各方面条件找一下,分析一下跟他们之间的长短优劣,之后你可能就考虑改打乒乓球了。

每个人都需要根据自己的情况给自己一个合理的定位,并且,这种定位并不是一成不变的,随着实际情况的变化,定位也需要随之调整。

绝大多数人都会看高自己,都会觉得自己与众不同,尤其是年轻的时候,所以定位往往偏高。但实际上,定位应该宁低勿高。

较低的定位会比较容易实现,这一方面让你脚踏实地地积累经验,一方面给你信心。随后你可以调高自己的定位,一步步稳扎稳打,最后你的成就很可能高过你的能力。基本上,那些取得极其卓越成就的人都是从低的定位一步步走来的。

所以,把你的伟大理想收一收吧。

错误的定位不仅让自己走弯路,同时还可能造成严重的次生灾害。譬如子路是一个精力充沛工作热情极高的人,还有伟大的理想。换言之,他总是把自己的定位整得超出自己的能力,对此孔子很是担心,常常向后拉他。

子路后来去卫国的蒲地担任蒲地宰,来问孔子自己应该怎样做。

"你啊,修养自己,使自己庄重端肃。"孔子说。

"就这?"子路有点失望,他觉得这个要求太低。

"那,修养自己,使身边的人们有安全感。"孔子说。

"就这?"子路还是不满意。

"兄弟,你是想要修养自己,让百姓安居乐业是吗?告诉你吧,这个目标啊,尧舜都办不到,你就省省吧。"

原文是这样的——

子路问君子。子曰:"修己以敬。"曰:"如斯而已乎?"曰:"修己以安人。"曰:"如斯而已乎?"曰:"修己以安百姓。修己以安百姓,尧舜其犹病诸?"(出自《论语·宪问篇》)

孔子为什么这样打击子路呢?

对于子路当官,孔子最担心的并不是他不努力,而是担心他太努力。子路的性格直率而且急躁,精力充沛整天闲不住,当初在季孙家当管家的时候,不是今天修水坝,就是明天修城墙,总之闲不住,换种说法就是爱折腾。所以,孔子非常担心他折腾老百姓。

不过人的性格是很难改变的,子路到了蒲地,还是折腾,当然出发点都是好的。有一次又要修水渠,当地百姓都不愿意,子路就自己拿薪水出来给大家发工作餐,结果孔子赶紧派子贡去阻止他。

子路的问题是什么?就是定位的问题。

以子路的性格、学问、能力和人脉等等条件看,也就是一个维持地方安定的官员的水平,想要让这里成为传说中的礼仪之邦的模范区那是不现实的。可是子路不这么想,伟大的理想驱使他去做他做不到的事情。

在中国的历史上不乏这样的反面例子,有的皇帝资质平平,偏偏有伟大抱负,结果发生定位错误。好一点的损兵折将,百姓流离失所。更糟糕的就是国家灭亡,外族入侵,百姓陷入水深火热。越勤政,越完蛋,指的就是这一类的统治者。

现实生活中这样的例子很多,有的公司因过度扩张而死,有的老板盲目投资无限融资,公司破产自己入狱,这些不都是定位错误的结果吗?所以,管理者在定位方面一定要慎之又慎。否则,不仅害了自己,还害了百姓和员工。

定位的偏差有的时候不是因为能力,而是因为职位。不是你的职责范围,你却偏要去管,这就是角色偏差,也就是俗话所说的越俎代庖。所以孔子说:"不在其位,不谋其政。"曾子也说:"君子思不出其位。"

第十三章

习惯决定命运

俗话说：江山易改，本性难移。

这句话的意思是，一个人的性格是跟随人一辈子的，要改变是很困难的。根据现代科学，可以说一个人的性格是由基因决定的，后天无法改变。

当然，也不是就绝对无法改变。

譬如我就认识两个人，原本性格很内向很木讷，用俗话说就是"三棍子打不出一个屁来"。但是突然有一天，他们却开始侃侃而谈，并且非常主动。可听多了你就会感觉有些怪，因为他们说的都是天马行空的车轱辘话，一遍一遍说，还好像自己什么都懂。

怎么回事？很简单，精神受到了刺激，性格在一夜之间发生了变化。

这种变化,是非常糟糕的。

性格当然没有绝对的好坏,但是在社会生活中,有些性格确实更不适合。那么,怎么办?我们现在有一种说法叫作"性格决定命运"。性格改不了,是不是说命运就此看不到光明?

当然不是,孔子有办法。

孔子做鲁国大司寇的时候,子路和冉有都在季孙家工作,都是高管。这一天,子路听到了一个好建议,于是来问孔子要不要马上去做。

"那不行,季孙家不是有好多老员工吗,你该去问问他们。"孔子回答,他连是什么建议都没问。

子路走了,过了一会,冉有来了。

"老师,有人给我提了一个好建议,要不要立即去做?"冉有问了一个同样的问题。

"那还等什么,马上去做。"孔子回答,也没有问是什么建议。

冉有走了之后,一直站在孔子身旁的小弟子公西华有问题了。

"老师啊,刚才两个师兄问同样的问题,为什么您给的答案恰好相反呢?"公西华问,他觉得很奇怪。

"子路性子急比较鲁莽,因此要给他增加一个程序,好让他冷静考虑。冉有太谨慎总是畏畏缩缩,所以要推动他让他果断去做。"孔子回答,公西华恍然大悟。

原文是这样的——

> 子路问:"闻斯行诸?"子曰:"有父兄在,如之何闻斯行之?"冉有问:"闻斯行诸?"子曰:"闻斯行之。"公西华曰:"由也问'闻斯行诸?'子曰'有父兄在'。求也问'闻斯行诸',子曰'闻斯行之'。赤也惑,敢问。"子曰:"求也退,故进之;由也兼人,故退之。"(出自《论语·先进篇》)

历来对这段故事的解读,侧重于孔子因材施教。

但是我们不妨换一个角度。

子路和冉有的性格不同,一个太急,一个太慢。怎么办?孔子也曾经试图改变他们的性格,但是发现根本没有用。于是孔子明白,要改变他们的性格是不现实的。

在这里,孔子决定采用另一种办法,那就是让他们养成一种新的习惯,用这种习惯来修正性格。

譬如对于子路,从前他听到什么自以为好的建议就会立即去做,现在孔子告诉他,你必须先请教专家。这,就等于给子路增加了一道程序,这道程序不仅让他能听到不同的意见,也能帮助他冷静下来。如果子路形成了这样一个习惯,就等于弥补了他性格急躁的不足。

譬如一个孩子有暴力倾向,喜欢打架。那么他爹可以这样告诉他:打架可以,但是打架之前必须先回家洗个澡。洗澡的过程中,他可能就冷静下来了。这,也是用习惯修正性格。

对孔子的这个办法,历来人们都没有重视。譬如我们在电影里就常常看到,一个人性格急躁,领导就常常劝他:"你的暴躁性格应该改一改了。"可是这样的劝告有用吗?没用的。

要改变一个人的性格,劝告是最没有效果的。不仅没效果,还可能起到反作用。威胁也是没用处的,也可能起到反作用。因为性格而吃到苦头,可能在短时期内会有所改变,但是维持不了多久。

最好的办法就是不要幻想去改变他的性格,而是为他养成一个习惯,用习惯修正性格。譬如一个孩子喜欢拖拉,那么就规定必须做完作业才能吃饭。久而久之,他就会形成回家先做作业的习惯。

如果你意识到自己的什么性格需要改正,这个时候你不要试图改变性格,而是应该强迫自己去形成某种习惯,以习惯修正性格。

同样,不要试图改变你孩子的性格,不要给他讲大道理,那些没有用。最好的办法,是去帮他形成某种习惯。

那么,怎样去形成习惯呢?

孔子说过这样一句话——

子曰:"性相近也,习相远也。"(出自《论语·阳货篇》)

啥意思?

人的天性是相近的,习惯可以相差很远。这句话是孔子在强调周礼的作用。

人的天性,也就是人性,原本是相差不大的。可是,人们的习惯却可能差别很大。

什么原因造成的呢?环境。

你在中国的环境中长大,和在美国的环境中长大,和在巴勒斯坦的环境中长大,你的习惯一定是有很大区别的。

有的社会环境中,没有规矩,所以人的习惯就会野蛮而不知羞耻,社会就会混乱。

不同的环境,其区别就在于有没有规矩,规矩有什么区别。有什么样的规矩,就有什么样的习惯。

所以孔子就说,我们华夏国家讲周礼,所以人们讲秩序讲谦让。而那些野蛮国家没有周礼,因此就很野蛮。

现实的例子有很多,譬如你到深圳,会发现那里的人走路都很快,节奏都很快,你会觉得这里的人都是急性子。其实不是,只是他们形成了快节奏的生活和工作习惯。

再譬如我们的印象中美国人性格张扬外向,但是大多数的美国人都认为自己很内向,你看看美国总统们的自传,他们基本上都会说自己从小是个内向的孩子。为什么会这样?因为他们从小养成的习惯会让人以为他们是外向的性格。

我们常说"一方水土养一方人",就是这个意思。

所以一个社会中人们的普遍习惯,就在于这个社会有什么样的规则,什么样的规矩。

对于个人来说,你的习惯一定是受到社会规则的影响的。譬如大家都排队,你自然也就有了排队的习惯。譬如大家都不排队,你就会有不排队的习惯。

我们又常说"入乡随俗",譬如去了美国,就会养成美国的习惯,否则,你就会给自己找麻烦。

那么,如果你要想形成自己独有的习惯,怎么办呢?给自己制定规则。

同样,如果你要自己的孩子形成某种习惯,那就给他制定规则。但是,要想让这种规则更好地被你的孩子接受和执行,你应该自己先执行,给他做出表率。譬如你要求自己的孩子早睡早起,你却天天晚上跟网友聊天,早上起不来,那你制定的规则很可能就会遭到抵制了。

性格是你无法改变的,但是习惯是可以经过努力形成的。

我们知道，一个人的性格会通过他的行为举止表现出来。那么反过来，一个人的行为举止对他的性格也能产生张扬或者遏制的作用。譬如一个人很喜欢表现自己，那么他去参加一个自己擅长的体育比赛，他就会表现得特别活跃。

曾子对人的性格和习惯有很深的研究，他认为人的表情对人的性格也是有修正作用的。曾子去世之前，孟孙家的家长孟敬子来看望他，同时也向他请教。

"人之将死，其言也善。我就快死了，很愿意给你几个忠告。使自己的容貌庄重严肃，这样可以避免粗暴、放肆；使自己的脸色认真，这样就接近于诚信；使自己说话的言辞和语气谨慎小心，这样就可以避免粗野和背理。"曾子说。

原文是这样的——

  曾子有疾，孟敬子问之。曾子言曰："鸟之将死，其鸣也哀；人之将死，其言也善。君子所贵乎道者三：动容貌，斯远暴慢矣；正颜色，斯近信矣；出辞气，斯远鄙倍矣。笾豆之事，则有司存。"（出自《论语·泰伯篇》）

曾子的意思，孟敬子作为孟孙家的家长，并不需要去做什么具体的事情，只需要在待人接物上做好就行了。

怎样做好呢？就是在言谈表情上形成恰当的习惯，以此来避免一些性格上体现出来的不当行为。

曾子说道"动容貌,斯远暴慢矣;正颜色,斯近信矣;出辞气,斯远鄙倍矣。"

容貌,是来自外的。包括一个人的衣着打扮、发型、动作,平时的表情等等,也就是不与特定人打交道的时候一个人的自然状态。所以,也就是仪态、风度。

譬如一个典型的贵族,平时就是衣冠楚楚,举手投足都很规矩,面部表情要么是沉思,要么是微笑。平时能够做到这样的一个容貌,基本上就不暴慢别人了。

为什么这样说呢?

我们从一个人的外貌就能判断一个人是不是暴慢,譬如一个袒胸露背的人,一个怒气冲冲的人,一个衣冠不整的人,一个走路摇摇晃晃的人,这样的人通常暴慢。为什么呢?因为一个人的内心是会通过他的仪表容貌表现出来的。

那么反过来,当一个人能够保持好的仪表容貌的时候,他就可能抑制他的暴慢。举个例子,当你遇上了一件非常烦心的事情之后,如果你依然能够让自己保持平时的举止方式,依然保持平常的表情,那么这就能够一定程度上化解你的暴慢了。

所以,内在的情绪会影响到你外在的容貌。反过来,通过控制外部的容貌,也能反过来影响你内在的情绪。

这，就是为什么动容貌能远暴慢了。

颜色，是来自内的。颜色是一个人态度的表现，发怒的时候脸色会变红，有的人会变白。鄙视对方的时候眼睛会看向侧面，鼻子会发出嗤的声音等等。所以，颜色是与特定人打交道时候的脸色表情变化。

那么，为什么"正颜色"就能"斯近信矣"呢？

因为当你"正颜色"意味着你认真地倾听，严谨地思考，就会给人可以信任的感觉。相反，如果你目光游离，表情诡异僵硬，或者皮笑肉不笑，那你一定会让人感觉你就是个骗子。

辞气就是一个人的言辞谈吐了。

君子有他一整套的言辞体系，该直率的时候直率，该委婉的时候委婉，原则有一个：不失自尊，又不要伤对方的尊严。

所以，恰当的言辞能够使你在处于下风的时候不粗鄙，上风的时候不狂悖。

曾子所说的三个方面是容貌、颜色和辞气，看上去似乎都是表面上的东西，但是表面的可以影响内在的，当你愤怒的时候，你能做出温和的表情，实际上反过来让你平静。

这大概是曾子的教育方式，就是说，如果你没有贵族精神，那你就强迫自己装作有贵族精神，假装你有贵族的习惯。装着装着，说不定就真的有了。就像你不喜欢一个姑娘，但是你假装喜欢她，赞美她,这时候你就要想办法去发现她的优点,说不定你就会真的喜欢上她。

如果有人问:好的性格和好的习惯,哪一个更重要?

当然是好的习惯。

譬如说一个人的性格很尊重别人,但是这只是他内心的想法,他未必懂得怎样去尊重别人。相反,如果一个人养成了一些具体的习惯,譬如不打断别人说话、女士优先、进门先敲门等等这些习惯,这才能让人真正感受到你的尊重。

说得更具体一点,譬如你很佩服某个人,想向他学习,那么你是学习他的性格呢?还是学习他的习惯呢?当然是后者。

一个流氓和一个贵族,他们的区别是基于性格,还是基于习惯?当然是习惯。

所以,与其说性格决定命运,不如说习惯决定命运。

进一步,与其去接受大师们的心灵鸡汤,不如去学习成功人士们的工作习惯。

第十四章

学习是分层次的

孔子是中国历史上第一个私人学校的创立者，第一个私人教育家。作为一位伟大的教育家，孔子有很多关于学习的论述，至今依然被我们津津乐道，张口就来，譬如"学而时习之不亦说乎""温故而知新""举一反三""三人行必有我师"等等。

孔子的这些话确实很好，确实很有价值。但是，在我们这个时代，这些其实都不重要，最重要的是今天我们要说的《论语》中的两章。

先来说第一章。原文是这样的——

> 子曰："知之者不如好之者，好之者不如乐之者。"（出自《论语·雍也篇》）

这段话译成现代汉语是这样的：

孔子说："懂得它的人，不如爱好它的人；爱好它的人，又不如以它为乐的人。"

这一章孔子所讲的是学习者的层次，对于这一章，历来的解读是有区别的。我们来看看钱穆和南怀瑾的解读，就知道区别在哪里。

譬如弹吉他，钱穆认为一个孩子要学好吉他，就要让他喜欢吉他，进一步，要让他沉浸于吉他。

南怀瑾则认为，一个孩子对弹吉他有兴趣，就培养他，引导他学习弹吉他。

钱穆的意思是让这个孩子先开始学，然后学的过程培养兴趣。南怀瑾的意思是先发现这个孩子喜欢，然后再让他学。

由此我们可以得出这样的结论：钱穆是要改造人，南怀瑾是要因应人的天性天赋去引导他培养他。

基本上，钱穆的理念属于传统思维，南怀瑾属于现代思维。这两种不同的思维，前者俗称填鸭式教育，千人一面大一统。后者尊重乐趣，因此真正有创造性的学生能够出头。

填鸭式教育中，从小学开始到大学毕业，所有的课程都是学校安排好的，所有的学生都是同样的课程。在大学里，要变换专业基本没有可能。可是在重视创造力的教育体系中，从小学到高中都是学生选课。到大学，学生可以申请转专业。之所以要做这样的比较,是因为我们通常会忽视掉这个问题。

我们还以弹吉他为例子来说明问题。

一个孩子,对吉他没什么兴趣,但是出于父母的要求或者追求时髦而学吉他,懂得了弹奏。这种,就是知之者。

另一个孩子喜欢吉他,主动地要求学习,学会了弹吉他,但是仅此而已,平时偶尔弹一弹。这种,就是好之者。显然,好之者会比知之者的弹奏水平更好。

还有一个孩子痴迷于吉他,整天在琢磨怎样才能弹得更好,恨不得每天抱着吉他睡觉,听到了好的吉他弹奏就高兴得睡不着觉,一定要学会这个曲子。这个,就是乐之者,我们俗称发烧友。很显然,乐之者的弹奏水平将是最高的,也是最有创造力的。

那么,问题来了。钱穆和南怀瑾,谁的办法更好?

还以一个孩子弹吉他为例子。

我们是应该让一个本来没有兴趣的孩子去学吉他,然后培养他成为一个乐之者。还是找到一个乐之者,培养他学习吉他?

答案很显然,南怀瑾的方法更好。

如果让一个没有兴趣的孩子去学习弹吉他,他会很痛苦,他是被迫学习,他学不好。而让一个乐之者去学习吉他,他会很主动,他会很沉醉很快乐,他会动脑子千方百计去学好。结果,他不仅学好了吉他,他还很快乐。

在美国，华人的孩子被认为擅长数学，事实上也是，华人的孩子数学成绩在班上都是名列前茅的。基本上，拉丁裔的孩子和黑人孩子的数学一塌糊涂，白人的孩子成绩一般，但是少数的人成绩很好。

到了大学，情况就发生了逆转，你会发现越往后学，难度越大的数学，华人的孩子开始落伍了，顶尖的都是白人的孩子。

为什么会这样？华人实际上比白人的智商差吗？

不是的。

真相其实很简单。

华人很重视数学，因此从小督促孩子学好数学，很多家庭会给孩子补数学。于是，华人的孩子数学普遍很好。华人的孩子中包括了对数学的知之者、好之者和乐之者。但是，由于父母过早的压迫，华人孩子中的乐之者往往产生逆反，从而失去乐趣，降格为好之者或者知之者。

而白人家庭不同，他们放任自己的孩子去学习自己喜欢的课程。所以，但凡是数学成绩好的白人孩子，都是好之者或者乐之者。

到了大学阶段，乐之者乐此不疲，持续向上。相反，好之者只是追求顺利毕业。而知之者更糟糕，他们很可能完全跟不上，于是大学不能毕业。

我们孩子的问题不是没有乐之者,而是乐之者的"乐"要么被忽视,要么早早就被父母们扼杀在了摇篮里。

到这里我们要说一个人,这个人叫袁隆平,杂交水稻之父。他就是一位伟大的乐之者,他之所以能够取得伟大的成就,就是因为他没有家财万贯的父母为他制定伟大的目标,并且他的乐趣如此的卑微——种地,以至于没有人来跟他争夺从事这项事业的权力。

之所以要说这些,就是为了说明一点:如果你仅仅是为了升学而学习,那你最多不过是个知之者。

如果你是为了爱好而学习,你就能更上一个层次。如果你为了自己痴迷的东西而废寝忘食,你才可能有大的成就。

很多人,或者说绝大多数人是既没有"好之"也没有"乐之"的,所以注定只能是个知之者。从这个角度说,如果你有爱好,那绝对是一件值得庆幸的事情,你应该去学习。如果你有"乐之"的东西,那这就是你最大的一笔财富,你应该为之而奋斗了。

当然,如果这个"好之"或者"乐之"是恶劣的东西,那你必须要警惕了,譬如吸毒,或者嫖娼。

但是,很多东西实际上介于好坏之间。

譬如电游,一些青少年痴迷于此,现在不是有合法正式的比赛了吗?

总之,当你对某样东西"乐之"的时候,不要轻易放弃。

同样,如果你的孩子对某样东西"乐之",不要轻易地扼杀它,因为这可能是他唯一"乐之"的东西。如果你是一个家长,你最需要做的事情就是发现你的孩子的"乐之",然后引导他。

两千五百多年前,孔夫子就指出了创造力的来源,可惜的是,后人完全懵懂无知。我们对于《论语》的理解和应用,完全是买椟还珠式的。

再来看第二章。原文是这样的——

> 孔子曰:"生而知之者上也,学而知之者次也;困而学之又其次也;困而不学,民斯为下矣。"(出自《论语·季氏篇》)

这段话译成现代文字是这样的:

孔子说:"通过自己思考就知道的人,是上等人;经过学习以后才知道的,是次一等的人;遇到困难再去学习的,是又次一等的人;遇到困难还不学习的人,这种人就是下等的人了。"

这是孔子按照获得知识的方式,将人划分了层次。

有人可能会说老夫子是个势利眼,喜欢把人划分层次。朋友要分类,学生要分类,连学习者也要分类,这不是歧视弱者吗?

当然你也可以这么说,这也有道理。

不过换个角度说,这不就是因材施教的基础吗?前面说过定位的重要性,这不就是在帮助我们自我定位吗?

第一等的就是生而知之者,但是生而知之不是生下来就什么都知道。生而知之的意思就是能够靠自我领悟自我学习来学习到知识,那些伟大的科学家发明家们就是生而知之者。

第二等的是学而知之者,就是主动去向别人学习,从而掌握知识。按照孔子自己的说法,他属于这一种。

第三等的是困而学之者,就是本身没有学习的欲望,但是遇到困难的时候会去学习,从而找到解决问题的办法。

第四等的是困而不学者,就是任何情况下都不肯学习,烂泥扶不上墙。

基本上,从学习的角度来说,这四等人就囊括了所有的人。

接下来我们来做一个简单的数学组合,用来判断一个人的学习能力和人生前途。

我们把学习者的三个层次乐之、好之和知之之外,再加上不知,构成四个层次。这四个层次和获得知识的四个层次进行组合,就能得到十六种组合。基本上,这就包含了所有正常人类了。

每个人都可以在这十六种组合中找到自己的位置,从而预判自己的人生。

生而知之的乐之者是最高级的，这种人不仅绝顶聪明，而且有自己乐之的东西。如果再加上环境的配合，取得成功就完全是水到渠成。而最低级的当然是困而不学的无知者，这些人就是所谓的吸血鬼寄生虫。有父母可以啃的就是啃老族，没有父母可以啃的就是要饭族。

当然了，绝大多数人都处于中间的组合，学而知之和困而学之的知之者所占比例最高。

我们有一个热议的话题，就是当初少年班的天才们很少取得卓著成绩的，这是什么原因？要么他们根本不是"生而知之"的天才，只是"学而知之"的年龄比别人早一些而已。要么他们没有"乐之"，在填鸭式教育中最终失去了方向。

顺便要说一下的是，生而知之者与学而知之者有一个本质性的差别，那就是生而知之者不执迷于标准答案，他们会用自己的方法去寻找答案。因此，一个处处都是标准答案的文化，必然扼杀生而知之者的天才。

好了，每个人都给自己一个坐标吧，然后再决定自己努力的方向和方法。

第十五章

育儿：乐趣和习惯

关于子女的教育，是人类社会中永远的话题。

远大理想、虎妈、鸡娃、别人的孩子……孩子究竟应该怎样教育呢？

在说这个话题之前，需要说一句话：每个孩子都应该有快乐的童年。

前面两章讲到了两个问题：乐趣和习惯。这两章，就是为了这一章做铺垫。所以我们直截了当地说，育儿最关键的就是两点，第一，发现孩子的乐趣；第二，养成孩子的习惯。

如果没有这两点，盲目鸡娃，最终的结果一定是事倍功半，钱花了，精力花了，孩子的快乐童年没有了，最终，孩子成不了才，甚至严重的，孩子可能走上绝路。

前些年流行虎妈的故事，说是华裔虎妈把三个孩子送进了哈佛。前不久，流行富爸爸的故事，说是香港某高管花了上千万港币把三个儿女送去了英国留学，可是三个儿女没有一个按照父母的意愿发展，都成了啃老族。

那些把儿女送进了世界名校的故事，说实话，一点也不励志。为什么呢？第一，靠花钱包装；第二，烂专业。第三，退学率奇高。

关于发现乐趣和培养习惯，我们首先要弄清楚一个时间节点。《孔子家语》中孔子说道："少成则若性也，习惯成自然也。"意思就是：小时候养成的习惯，就好像性格一样自然地发挥出来。

根据现代科学，孩子在十岁的时候大脑就成型了，因此乐趣的发现和习惯的养成最好在十岁之前完成。如果推后两年的话，那么也就是小学阶段必须要完成了。

中国有句俗话叫作"三岁看大，七岁看老"，这是从性格方面去看的，虽然有一定道理，但是在现代教育的环境下，我们基本上不去考虑它。所以，在幼儿园和小学阶段，重点是发现乐趣和培养习惯。

分别来说说怎样去发现孩子的乐趣所在以及怎样养成好的习惯。

什么是乐趣？有乐才有趣。

所以要发现孩子的乐趣所在，首先你要让他快乐，奴隶的孩子是没有什么乐趣可言的。贫民窟的孩子只会对拳击和足球这种廉价的运动有乐趣，对高尔夫是不会有感觉的。所以，不要急着开始鸡娃，三岁背唐诗五岁学钢琴等等，早了些。

要发现孩子的乐趣，要紧的是让孩子去广泛接触，去开拓视野增长见识，多玩，在快乐的过程中去发现或者激发出乐趣来。发现了孩子的乐趣所在，要懂得去引导去保护，不要因为压迫因为急于求成而损害孩子的乐趣。

要发现孩子的乐趣所在，就要懂得什么才是真正的乐趣，能够发挥创造性的才是乐趣。比别的孩子多背几首唐诗，那不是乐趣，那最多是记性好。

就算是一个天才，也不会同时有很多乐趣。我们的很多家长给孩子报五六个兴趣班，这就纯属自费送孩子进集中营。正确的做法是发现孩子的兴趣所在，在这个方面投入时间和金钱，其他方面都只能是为这个方面服务的。譬如一个孩子的乐趣在钢琴，那么就在钢琴方面投入精力，同时你也可以让孩子踢足球，但是踢足球的目的是为了锻炼身体，以便更好地学习钢琴。

先后顺序弄明白之后，你就能够合理地分配时间、金钱和精力了。但是，并不是所有的乐趣都值得去投入。譬如父母身高都不到一米六，孩子痴迷于篮球，这个恐怕也只能作为一个业余爱好了。所以在确定是不是投入精力培养孩子的乐趣所在之前,最好能去听听专业人士的意见。

但是,随时要提醒自己的是,孩子的快乐是不能忽略的。

我们看到那些鸡娃的父母像押解犯人一样逼迫自己的孩子去上各种兴趣班,这不是在发现他们的乐趣,而是在扼杀他们的乐趣。这样的结果,你只能把你的孩子培养成知之者,最多是好之者,而绝对不会成为乐之者。

孩子最珍贵的财富就是乐趣,当你发现孩子的乐趣所在的时候,千万不要拔苗助长,而是要小心呵护,耐心引导。《论语》中颜回曾经说过孔子是怎样教导他的,我们不妨来看看。

颜渊喟然叹曰:"仰之弥高,钻之弥坚。瞻之在前,忽焉在后。夫子循循然善诱人,博我以文,约我以礼,欲罢不能。既竭吾才,如有所立,卓尔,虽欲从之,末由也已。"(出自《论语·子罕篇》)

啥意思?

我抬头仰望,高得看不到顶;我努力钻研,越钻研越觉得坚硬无比。看着他好像在前面,忽然又像在后面。老师善于一步一步地诱导我,用各种典籍来丰富我的知识,又用各种礼节来约束我的言行，使我想停止学习都不可能，直到我用尽了我的全力。好像有一个十分高大的东西立在我前面，虽然我想要追随上去，却没有前进的路径了。

　　我们想象一下这个场景，就像一个慈祥的父亲带着自己的孩子在草地或者沙滩上玩耍，一会在他前面，一会在他后面。孩子追上父亲，抱着父亲的腿向上看，就看见父亲如此高大，无法撼动，给孩子十足的安全感。玩累了，父亲就会坐在孩子的身边，耐心地教给他知识，培养他的习惯，循循善诱乐在其中。

　　对孩子的乐趣就要这样，不要急不要给他压力，要掌握好节奏去引导，要让他从中感受到快乐。这，就是循循善诱。

　　记得我小的时候曾经有一次发烧，妈妈给我买了我喜欢吃的柿饼。但是发烧时的食欲是很差的，我尝了一口柿饼，感到恶心，从此再也不吃柿饼。这说明一个道理，当孩子已经感到疲倦烦躁的时候，如果家长还要强迫他做什么，往往会引发逆反心理。这就是很多孩子乐趣夭折的主要原因。

　　同样地，在小学结束之前，必须给孩子养成好的习惯。好的习惯比好的成绩重要一万倍，成绩是可以追上来的。事实上，一个初中生只需要一个假期就能补上小学的所有内容。但是，习惯一旦形成，要改变就是难上加难了。

　　好的习惯能够伴随人的一生，有了好的习惯，孩子的初中和高中就会很轻松。而没有好的习惯,孩子一进入初中就会迅速地感到压力了。

厚积薄发,向上的势头形成了,还担心什么呢?

我们知道一些成功"虎妈"的案例,留给我们印象最深的似乎是"虎妈"的严厉。其实"虎妈"的成功之处在于她们给自己的孩子养成了好的习惯,尽管手段有些粗暴。我们必须承认,"虎妈"们可能摧毁了孩子的乐趣,但是往往培养了孩子的好习惯。她们的孩子成不了乐之者,还是能成为一个好的知之者的。

那么,怎样培养孩子们的好习惯呢?

这一点,子夏最有经验。

有一次,子游对人说:"子夏教的那帮小兔崽子,做些打扫卫生和迎送客人的事情是可以的,但这些不过是末节小事,根本的东西却没有学到,这怎么行呢?"子夏听说之后,对来人说:"君子学习的内容是有先有后的,没有本就没有末。"

原文是这样的——

  子游曰:"子夏之门人小子,当洒扫应对进退,则可矣。抑末也,本之则无,如之何?"子夏闻之,曰:"噫,言游过矣!君子之道,孰先传焉?孰后倦焉?譬诸草木,区以别矣。君

子之道，焉可诬也？有始有卒者，其惟圣人乎！"（出自《论语·子张篇》）

子游所说的洒扫应对进退是什么呢？简单说，洒扫，就是在学校打扫卫生；应对，就是接人待物；进退，就是服侍先生长辈上级。

有人说，这些很重要吗？这些不是很简单吗？这些不是很卑微吗？但是，习惯就是从这些最卑微最不起眼的事情中形成的。

譬如洒扫，每个小学生在下课之后都需要打扫教室，有的是每天打扫，有的是一周一次。有的是全班打扫，有的是轮班打扫。看上去很简单，但是你有没有认真去打扫？你有没有达到打扫的要求？你有没有想办法提高打扫的效率？你们有没有团队合作？

孔子和曾子都说做事情要尽心尽力有始有终，那么一周打扫一次教室，你有没有做到尽心尽力有始有终呢？看似小事，其实这是在形成你做事的习惯。如果你能精心地完成洒扫的工作，那么你就是在形成做事情认真负责的习惯了。相反，你就是在形成敷衍了事的习惯。

譬如应对，见到老师怎样打招呼，请人帮忙怎样说，犯了错怎样认错，写信用怎样的敬语，别人向你道歉怎样回复，如此等等，都要做到得体,这简单吗?这其实不简单。这些就是生活中的点点滴滴,做得恰当,招人喜欢少惹麻烦。做得不好,让人讨厌,让人瞧不起。

譬如进退,跟老师之间是什么礼节,与同学家长之间该怎样称呼,跟女同学在一起该怎样相处,有客人来的时候该怎样说话,在外面吃饭的时候该坐在什么位置,这些反映的都是一个人的修养。做得好,走出去让人尊敬。做得不好,走出去让人厌恶。

所有的这些,最终都会形成习惯。并且,这些习惯,将涵盖你将来的工作、学习和生活。

好的习惯,受用一生。

一个人是否受人尊重,取决于与人交往的细节,而不是你的伟大理想。

所以,与其给孩子们灌输伟大理想,不如扎扎实实地从洒扫、应对、进退开始,养成孩子们的良好习惯。换言之,伟大理想是靠好的习惯去实现的,而不是靠嘴去完成的。

正因为如此,所以子夏又说"虽小道,必有可观者焉。致远恐泥,是以君子不为也。"(出自《论语·子张篇》)什么意思呢?"即便是小道,也都有它的可取之处。去研究那些虚无的概念恐怕就会陷入泥潭,所以,君子不会那样做。"

所以,小道才是正道。

譬如我们的孩子玩拼图，一玩就是一个小时两个小时，看上去似乎很无聊很无意义。但是，我们要知道这是在培养孩子的专注力。

既然乐趣和习惯都这样重要，那么，哪一个更重要？

毫无疑问，习惯更重要。

因为乐趣只与你的学习或者能力有关，而习惯涵盖你生活的所有方面，也是你的乐趣发展的基础。

孔子教学生并不是只教知识，还教他们做人做事。

《论语》中有这样的记载。

子以四教：文、行、忠、信。（出自《论语·述而篇》）

孔子在四个方面教学生，文就是文化知识，包括了我们前面所说的乐趣。行就是行为举止，也就是洒扫、应对、进退。忠，就是尽心尽力有始有终，是做事的原则。信，就是与人交往要诚信，是做人的原则。要教育好自己的孩子，也必须从这四个方面入手，缺一不可。

但是，有一个非常现实的问题摆在大家的面前。洒扫、应对、进退，除了洒扫之外，应对、进退的规矩差不多一百年没有教过了。别说我们的家长，家长的家长都不懂。自己都不懂，怎样教孩子？怎么让孩子们形成习惯？

可笑且无奈的是,家长们往往都是一堆坏习惯,因为也没人教给他们好习惯。我们不是最近常常讨论这个问题吗?是老人变坏了,还是坏人变老了?

不管怎样吧,我们还是希望家长们明白这个道理:引导孩子的乐趣,培养孩子的习惯,学会做人做事比掌握文化知识更重要。

家长和孩子之间的理想状态应该是这样的:童年时期,家长引导孩子;少年时期,家长陪伴孩子;青年时期,家长关注孩子;成年之后,家长远远地欣赏孩子。

不要鸡娃,不要鸡娃。

培养孩子做一个优雅的普通人,而不是一个了不起的名人。

第十六章

人生三段论

俗话说：月有阴晴圆缺，人有悲欢离合。

人就像一部机器，开始是新的，磨合一段时间之后，就进入了运行的黄金时期。之后就开始磨损，一些零件开始出现问题，有的凑合着能用，有的可能还要换。到最后，报废。

每个人都有生老病死，自然规律无法抗拒。每个人都要成长，每个人也都要衰老。人的体力、思维也都是这样一个过程，从幼稚到成熟再到过时，或者老年痴呆。

孔子也是人，再伟大的人也是人。

可是可笑的是，历来解读《论语》的学者们就认为孔子是一个思想从来没变化的人，认为孔子的一生就是一个点，而不是一条线。

事实上，孔子对人生的变化看得很清楚，看得很开，也有很精辟的总结。

在《论语》中，孔子既有对自己一生的总结，也就对人生一世三个阶段的概括。在不同的阶段，每个人都需要及时地调整心态，应对不同的挑战。

先来看看孔子的一生是怎样随着年龄变化而变化的，看看我们自己是不是也经历了这样的变化。

孔子晚年这样总结自己的一生——

子曰："吾十有五而志于学，三十而立，四十而不惑，五十而知天命，六十而耳顺，七十而从心所欲，不逾矩。"（出自《论语·为政篇》）

孔子十五岁立志于学习。

一般来说，一个人到十五岁会对自己的将来有比较明确的目标，对社会有初步的了解。所以，这个时候立志是正常的。孔子为什么立志于学习呢？这是因为十五岁的时候他目睹了鲁国最有学问的人叔孙豹的葬礼，感受到人们对叔孙豹的尊崇，于是立志成为像叔孙豹这样有学问的人。

我们这里得到的启发就是，当一个孩子十五岁左右将要树立人生目标的时候，外界对他的影响是非常重要的。所以这个阶段，父母尤其要给孩子正确的引导，让孩子接触正确的东西，避免接触负面的东西。算起来，这应该是初中毕业的时间段。所以，初三暑假很重要。

孔子三十岁的时候，有了自己的事业。他辞去了季孙家的铁饭碗，毅然下海独立创业，开拓一个未知的领域，创建了中国历史上第一个私立学校。当然，当今世界是年轻人的世界，二十多岁创业的大把。

但是，三十岁创业是个不错的年龄，因为这个时候既有了一定的财力，又有了一定的社会经验和人脉，还有一定的专业知识和能力，心智也更成熟，这个时候创业，成功的概率就比较大。

所以，不用急着创业，大学毕业之后摸索几年，确定自己今后的方向，再打几年基础，差不多三十岁创业。

孔子四十岁的时候，能够不再冲动，不再被人忽悠。

创业十年，有苦有甜，风风雨雨总算闯荡过来。这个时候，对世界有了更清醒的认识，对一夜暴富放弃了幻想。

很多人就是这样，四十岁之前，被人忽悠着搞传销、傍大款等等，结果都是竹篮打水。到了四十岁才明白什么是踏踏实实做事，老老实实做人，平平淡淡才是真。任你口吐莲花，我自岿然不动。

孔子五十岁的时候就懂得天下大势了，眼界开阔了。

实际上人到了五十岁，正是经历最丰富，思想最成熟的时候。这个时候，虽然体力下降了，但是心智最强。所以五十岁是一个宝贵的年龄,有的人以为五十岁就老了,就不用努力了,实际上并不是这样的。

孔子到六十岁的时候,心态更加平和了,不再与人竞争,更能听得进别人的话了。

所以六十岁是一个转折,是对世界重新认识的阶段。到这个时候,对宗教开始有兴趣了,对现实世界开始疏离了。

到七十岁的时候,孔子已经成了一个"佛系"的人,追求安稳,追求内心的安静,对人生已经看得很透了。

孔子对自己一生的总结,大致也就是多数人一生的阶段。

孔子将人的一生分为了三个阶段:少年(含青年)、壮年和老年。

按照孔子的说法,君子有三种事情应引以为戒:年少的时候,血气还不成熟,要控制对女色的迷恋;等到身体成熟了,血气方刚,要控制与人争斗;等到老年,血气已经衰弱了,要控制贪得无厌。

原文是这样的——

子曰:"君子有三戒:少之时,血气未定,戒之在色;及其壮也,血气方刚,戒之在斗;及其老也,血气既衰,戒之在得。"(出自《论语·季氏篇》)

孔子的伟大之处，不是他口口声声所说的仁义道德，恰恰相反，是在于他承认人性、尊重人性，人性的弱点在他眼里是清清楚楚的。

戒色、戒斗、戒贪，总之，想什么就戒什么。不过孔子的意思不是彻底戒除，而是不要过分，要警惕要控制。

年轻的时候，好色；年长一些，好争好斗；老年，人会变得比较贪。

关于少年好色，这一点没什么好说，人人都知道。

壮年好斗，这一点也没什么好说。爱情、钱财、权力、名誉，哪一样不要靠斗？哪一样是天上掉下来的馅饼？除非你是王思聪。

再说老年。人老了，血气双衰，斗志减弱，不安全感增加。这个时候，人就保守多疑，不能好色了，重点转移到贪财上了。所以，人老了就容易吝啬、贪婪。

为什么骗子喜欢骗老人？

俗话说：上当的都是因为贪婪。这话一点也不错，骗子都是看中了这一点。

回到现实。

孔子总结得都对，可是对我们来说有什么用呢？难道要我们年轻的时候不要好色，壮年的时候不要好斗，老年的时候不要贪婪？

当然不是，少年好色、壮年好斗和老年贪婪都是人性的一部分，你是无法消灭的。唯一能做的，就是把它遏制在一个合理的程度。当你明白了这个道理之后，能够事先做出一个防范措施，当事情来的时候能够冷静地应对，就算是做得不错了。

人年少的时候，正处于长身体的时期，精力旺盛无处发泄。男生精满自溢，女生少女怀春。常话说"傻小子睡凉炕，全凭火力壮"，又说"半大小子，吃傻老子"。总之，这个时候，能吃能干，闲着就发慌。赌博泡妞，街头斗殴，基本上都是这个时期干的。

好色，就容易冲动，就容易被诱惑。用现代话说就叫作精虫上脑，什么后果都不去想了。其实不仅仅是被女色诱惑，还有毒品、游戏等等，因为这时候对未知的事物有太多的期待，对世界的认识还太浅，什么坑都想跳一下。

正是，少年不识愁滋味，只因容易被诱惑。

那么，怎么办？

首先要多学习多见识，懂得多了，就更能够辨别是非。面对诱惑，就知道什么是可以做的，什么是可以尝试的，什么是不能碰的等等，自己心里要有数。

但是，仅仅靠自己的强大内心去抵制诱惑是不现实的，因为身体是诚实的，要让自己旺盛的精力有所安放，有所发泄，这才是从源头上解决问题。这就像大禹治水，靠堵是不行的，要靠疏导。

有些青少年整天无所事事，到处晃荡，一定会出问题，因为无事必然生非。

所以，青少年需要引导。体育运动是大家很容易想到的，体育运动不仅能发泄多余的精力，还能有利身体健康，还能交友，还能培养团队精神，甚至还可能成为一项职业。而且，体育运动不受金钱限制，有钱的玩高尔夫，钱少的打网球羽毛球，没钱的打篮球踢足球，实在更没钱的，登山跑步总是可以的。

当然，除了体育运动之外，还有很多可以作为爱好或者作为奋斗的目标，目的都是把多余的精力用到好的地方。

做到这些，就算做到了"戒之在色"了。

特别需要提醒的一点是，青少年除了自我引导和家长引导之外，常见的就是被同龄人引导。所以，交友要谨慎，误结匪友很可能贻害终身。

到了壮年，是人一生中最强大也最脆弱的时期。

之所以强大，是指身体和头脑，身体最强壮，头脑最成熟的时期。之所以脆弱，是指感情和精神，这时候正是上有老下有小，老婆没事整天吵。工作不开心，生活压力大。

两相交集，人的好斗心就被激发出来了。

你看好莱坞电影中，心黑手狠能打的硬汉都是中年人，这是有道理的。

好斗，就容易被激怒，容易被怂恿。所以这个阶段要学会控制自己的情绪，要提升自己的修养。但是，你不能要求自己完全不争，这也是违背人性的。

中国文化对于争斗这件事情的看法本身就是矛盾的，既有"流水不争先"的说法，也有"佛争一炉香，人争一口气"的说法，那到底是争还是不争？

争，说你功利；不争，说你不上进。有一段时间，流行奋斗；有一段时间，流行佛系，有一段时间，又流行躺平。

所以说来说去，争与不争，适度就好。

当你贫穷落魄的时候，你要争，你一定要争，否则你没有未来。当你有一定成就的时候，就要小心谨慎了。当你不用争也能过得不错的时候，那就别争了吧。

到了老年，人就缺乏安全感，越老越缺乏。怎么办？聚敛钱财，钱越多越有安全感。所以，老年人贪财。你看商场打折或者送纪念品，那就是老年人的战场了。

为什么骗子喜欢找老年人下手？因为老年人没安全感时容易贪财，贪财就往往失去理智，就容易被忽悠。

老年人容易贪财,并不因为贫富而有区别,有钱的老年人同样贪财。巴尔扎克笔下的葛朗台被认为是一个典型的吝啬鬼,但是这也符合他的年龄特点,人越老越吝啬,只是程度有不同而已。

贪财其实不算错,贪不属于自己的财才是错。很多老人被骗子骗,被骗了还不敢报案,为什么?因为他们要贪不属于自己的财。

守财更不算错,钱财不要轻易拿出来,也就不会轻易被骗走。但是,守财也有一个度,守财的目的不是为了给自己用吗?所以,对自己不要太吝啬,否则就成了守财奴。

其实,孔子的人生三段论还不够全面。

在老年的后半段,问题就不是贪,而是啰嗦偏执了。

人大致过了七十,就会变得非常啰嗦,一句话翻来覆去说,见谁都说。也会变得固执,想干什么就一定要干,谁劝也不行。还会有老年痴呆的状况出现,眼前的事情记不住,过去的事情忘不了。所以到了这个时候,就能感觉到一个人性情大变,甚至完全成了另一个人。

就说孔子。

孔子从前不喜欢抱怨,可是这个时候开始抱怨,甚至说百姓把仁当作洪水猛兽,宁可赴汤蹈火也不接受仁。孔子从前不喜欢骂人,这时候也开始骂人,骂宰我骂樊迟骂冉有。孔子从前说不在其位不谋其政,这时候也开始管闲事了,齐国发生了政变,他去找鲁国国君要出兵齐国。

说话也啰啰嗦嗦,翻来覆去就那几句。看谁都不顺眼,甚至说酒器也跟从前不一样了。

孔子的老年痴呆症状也是越来越明显,常常自言自语。

人到了这个阶段,就是让人嫌弃的阶段了。俗话说老人如小孩,但是小孩还可爱,老人呢?问题是,人到了这个阶段,其实并不自知,感觉不到自己的问题。

所以,要避免这个阶段让人嫌弃,要在这个阶段之前就要做好安排。譬如很多人拒绝和自己的子女同住,有的人提前选好养老院等等。

人生的每个阶段,都要明白这个阶段的问题,以及解决问题的方法。

第十七章

卖弄要注意场合

有一个词叫作卖弄。

什么是卖弄？

网络上给出的定义是：恃恩弄权；夸耀、显露本事；炫耀、夸耀或骄傲地显示。

这个定义有点复杂，有点混乱。

我们来给出一个简单明了的定义。

卖弄，就是为了显示自己的与众不同，招致别人讨厌嫉妒或者给自己带来麻烦的行为。

多年前，有一个叫郭美美的女人在网上炫耀自己的财富和豪车，以及所谓红十字会商会会长的身份，招来人们的厌恶、质疑，以及有关部门的调查，最终因为组织卖淫罪被判入狱。

这个，就是典型的卖弄。

有些人为此感到困惑,因为这是个张扬个性表现自我的时代,怎样掌握尺度,才不至于成为卖弄呢?

其实在孔子的时代,也存在卖弄的现象。大致,卖弄是人们内心深处的需求吧。

《论语》中有这样一段记载——

> 子畏于匡。曰:"文王既没,文不在兹乎?天之将丧斯文也,后死者不得与于斯文也。天之未丧斯文也,匡人其如予何?"(出自《论语·子罕篇》)

啥意思呢?

孔子被匡地的人们所围困时,他说:"周文王死了以后,周代的礼乐文化不都在我这里了吗?上天如果想要消灭这种文化,那后人就再也见不到这样的文化了;上天如果不消灭这种文化,那么匡人又能把我怎么样呢?"

这是怎么回事呢?

这是孔子在宋国的匡地被当地人包围的时候说的,那么,孔子为什么会被匡地人包围呢?说起来,都是卖弄惹的祸。

孔子有一个弟子名叫颜高,是鲁国著名的勇士。当初鲁国的阳虎曾经占领匡地,对当地人很残暴,当时颜高就随从阳虎攻城。

这一次颜高跟随孔子来到这里,一行人就住在城外的一个破庙里。颜高为了卖弄自己的勇敢,带着大伙来到城边,指指点点说当初的战斗是怎么回事,自己是从哪个缺口杀进去的等等。结果,被城头的士兵注意到了。倒霉的是,孔子的身材跟阳虎很像,都是一米九几的大个头。于是,城里人认为孔子就是阳虎,于是一呼百应,出来包围了这帮人。

万幸的是后来匡人发现孔子不是阳虎,这才放了他们一马,不过还是拒绝让他们通过,孔子不得不返回卫国去了。

颜高这就是在不恰当的场合展现自己的成绩,结果招来祸患。这就是卖弄了。

颜高其实还有一次卖弄也差点送了命。

这一次是鲁国跟齐国交战,颜高也参加了。双方列阵之后,颜高还在那里吹嘘自己的力量,说自己的弓有一百八十斤的力量,大家都好奇,都拿过去试。结果传来传去,传丢了。这时候,齐国人冲锋了,颜高手上没弓,只能抢了一把普通的弓来用。还好,没有被打死。

你的才能或者成绩在恰当的场合展示出来,就是展示自我;在不恰当的场合展示出来,就是卖弄。所以,当你忍不住要展示的时候,先想想场合对不对?

第十七章 卖弄要注意场合

举个例子,你朋友请你吃饭,两家的孩子是同学,你家的孩子成绩更好。这个时候,就别炫耀你家孩子考了什么好大学,或者得了什么奥林匹克奖了。否则,这就是你朋友最后一次请你吃饭了。

还有,参加别人的婚礼,不要打扮得太帅,因为主角不是你。参加别人的葬礼,也不要哭得太投入,主角也不是你。领导面前,不要太过抖机灵,因为主角也不是你。

颜高的卖弄算是有惊无险,可是臧武仲的卖弄就后果严重了。

有一次,子路问孔子自己怎样才算是个完美的人。孔子说:"你啊,如果具有臧武仲的智慧,孟公绰的克制,卞庄子的勇敢,冉求那样多才多艺,再用礼乐加以修饰,也就可以算是一个完美的人了。"

原文是这样的——

> 子路问成人。子曰:"若臧武仲之知,公绰之不欲,卞庄子之勇,冉求之艺,文之以礼乐,亦可以为成人矣。"(出自《论语·宪问篇》)

连孔子都称赞臧武仲聪明,可见这人真的很聪明。

在鲁国，臧家一向以聪明著称，臧武仲名叫臧纥，超级聪明。因为身材很矮，鲁国人称他为侏儒。臧纥世袭了鲁国的司寇，地位仅次于三桓。

季孙家的季武子想要立小儿子为继承人，又怕大儿子不高兴，怎么办？季武子知道臧武仲聪明，就请他来帮忙想办法。臧武仲是个聪明人，知道这种事情不能管，谁管谁倒霉，所以拒绝了。可他是个喜欢卖弄聪明的人，自己有好主意却不说出去，他感觉很难受。终于，他主动把自己的主意告诉了季武子，季武子用他的主意立了小儿子。季武子的大儿子知道后恨死了臧武仲，后来跟孟孙家联手，把臧武仲赶到了齐国。

臧武仲逃到了齐国，齐庄公喜欢他，准备给他封邑。齐庄公正准备趁晋国内乱攻打晋国，于是跟臧武仲谈起这件事情来，臧武仲知道齐庄公的想法很蠢，他本来不想说，可是最终还是没忍住想要卖弄一下，于是对齐庄公说："我觉得您就像个老鼠，整天躲在人少的地方，晚上出来白天躲起来。人家内乱的时候你出兵打人家，等人家内乱结束了，你又该去赔礼道歉进贡了，这不是老鼠是什么？"

齐庄公很生气，于是取消了给他封邑的想法。

对此，孔子曾经说过："真正的聪明是很难的，像臧纥这么聪明的人，在鲁国混不下去，就是因为他的做法不顺乎人情啊。"

臧纥这个人，确实非常聪明，他看问题很透彻，知道不该管季孙家的家事，甚至自己会被赶走这样的事情都预见到了，甚至他也有办法规避，可是他还是忍不住要卖弄聪明。在齐国也是这样，臧纥的话虽然难听，但是后来的事态发展跟他所说的一样。

他确实非常聪明，非常有远见，可是他总是管不住自己的聪明，总是忍不住要卖弄，最终没有什么好结果。

所以，如果一个人不懂得怎样运用自己的聪明，那么聪明反而会成为一件坏事。有所为有所不为，该直爽的时候直爽，该奉迎的时候不要反对，不该说话的时候就不要卖弄，这样的人才是真正的聪明人。

在这里，孔子先说了要像臧武仲一样聪明，但是马上感觉不对劲，因为臧武仲是个喜欢卖弄聪明的人，而子路是个喜欢卖弄勇敢的。所以，孔子接着说孟公绰和卞庄子，这两个人就都不是喜欢卖弄的人。

孟公绰这个人非常有智慧，但是平时话不多很沉稳，绝不会卖弄，说话一定会说到点子上。

卞庄子则是鲁国的一个勇士，有一次卞庄子在路上遇上两只老虎吃一头牛，卞庄子原本想卖弄自己的勇敢，出去杀掉两只老虎。可是从人劝他等一等，等两只老虎吃完之后一定会相争，到时候小的死大的伤,就可以轻松杀掉它们了。卞庄子听了劝告,结果果然杀了两只老虎。

这就是坐山观虎斗的故事。

所以,卞庄子之勇,是有勇有谋的勇,是不卖弄的勇。

冉求就是冉有,子路的师弟,也是做事沉稳不卖弄。

回到现代社会,现代社会讲的是高调,是眼球经济,是注意力经济,是流量。因此,需要展现自己的与众不同。

正因为如此,要掌握好自我表现的度就越来越难。

有的时候,你做某件事情可能被人鄙视,但是同时能获得经济上的好处,这个算不算卖弄呢?

还有,古时候卖弄是卖弄自己的长处。可是现在,很多人卖惨卖无耻,这算不算卖弄呢?

有种说法是高调做事,低调做人。看似有理,实际上毫无道理,难道做事和做人是可以分开的吗?

网络时代,拼的就是各种炫,炫颜值、炫才能、炫财富。

看看网上的各类网红,都是使尽浑身解数在博流量博名气,不炫行吗?

不要说中国,全世界都是如此。美国前总统特朗普之所以能当选总统,很重要的原因就是在网上炫。如果他是一个低调的人,他怎么有可能吸引选民的选票呢？

那么，作为普罗大众，怎么样去处理好展示自我和卖弄之间的关系呢？

从后果的角度出发，在各种高调各种炫之前，要考虑会不会给自己带来麻烦，如果会，那就属于卖弄。譬如你炫耀你的非法所得，譬如你撒谎，这些都属于卖弄，是很危险的。

从受众的角度出发，你的炫耀对象是不是你希望关注你的人。譬如你是一个美女，在一群富二代帅哥的面前卖弄，就不算卖弄，算展示；可是如果你在一群不如你漂亮的女人面前卖弄风骚，那就是在拉仇恨，就属于卖弄。

从场合的角度出发，你的炫耀是否能帮助你提升关注度。通常的情况，在公共载体上可以高调，因为这会提高你的知名度，并且不会得罪具体的人。即便得罪，也无所谓。

在私下的场合就尽量低调，因为这种场合高调也不会帮助你提升流量，反而会让身边的人对你产生反感。

譬如说你是个网红，你在网络上可以把自己打扮得花枝招展，吹牛说自己是天下最漂亮的女人，反正这没什么标准。可是，去参加你姐妹的婚礼，就要让自己衣着朴素一些，不要抢走新娘的风头。

再举一个例子，譬如你很有钱，也是光明正大挣来的钱。你可以在网上炫耀你的豪宅豪车，网友们会羡慕你敬仰你，渴望认识你。可是如果你在朋友圈里炫，你的朋友们多半要嫉妒你疏远你。我们现在流行一句段子：朋友之间的关系就是嫌你穷，恨你富。

最后我们来总结一下。

如果做一件事情既不会拉仇恨，也不会招惹麻烦，还能让你有成就感有自豪感，为什么不去做呢？这肯定不是卖弄。

如果做一件事情既拉仇恨，又惹麻烦，譬如有人忍不住要炫耀家里来源不当的财富，这种就属于典型的脑残，是最愚蠢的那一类卖弄了。

第十八章

守规则是文明的象征

每个人都知道孔子,但是每个人其实也都不知道孔子。

不论是从前尊崇孔子,还是五四运动之后批判孔子,实际上,从来没有人真正了解孔子的思想,似乎也没有人有兴趣了解。

孔子的一生都在宣扬周礼,那么,周礼是什么?孔子为什么认为周礼是世界上最好的东西?周礼对我们现实世界有没有意义?所有这些,没人去管。

甚至,什么是礼?从来没有一个《论语》的解读者去试图讲清楚。实际上,现代的《论语》解读者本身也不知道礼为何物。

什么是礼?

礼,不是礼貌的礼,不是礼品的礼。

礼,由礼制礼节礼仪三个部分构成,是周朝贵族社会的行为规则。

礼,是一种规则。

那么,礼和法的区别是什么?礼是告诉你应该怎样做,法是告诉你不能怎样做。如果你没有按照礼的要求做,多数情况下你会受到鄙视,少数情况下你会受到惩罚。如果你触犯了法,就必须受到惩罚。所以,礼是基于自觉的行为规则,是给有自尊的人们去遵守的。而法是强迫执行的,人没有尊严可言。

法,不是规则。

一个社会的文明程度,取决于人们守规则的程度。

我们举一个简单的例子,关于交通的。

汽车礼让行人,这是规则。你可以让,也可以不让,不让也不会受到惩罚。

闯红灯罚款,这是法。只要你闯红灯,就要罚款。

两个文明程度不同的社会,都不会闯红灯。区别这两个社会的,是谁会自觉地礼让行人。

所以,所谓的法治社会,只能维持社会的基本秩序。一个和谐的社会,则一定是法治和规则都被很好执行的社会。

这就是礼的作用。

孔子追求的是一个大同的世界,一个和谐的世界,所以他更看重礼,一生都在宣扬礼。

而我们这个社会，缺乏的不是法，而是礼，也就是规则和规则的落实。

孔子总是不厌其烦地在给人们解说礼，在宣扬礼的不可或缺。在《论语》中有这样一章，孔子很形象地介绍了礼的作用。

原文是这样的——

子曰："恭而无礼则劳，慎而无礼则葸，勇而无礼则乱，直而无礼则绞。君子笃于亲，则民兴于仁；故旧不遗，则民不偷。"（出自《论语·泰伯篇》）

这段话译成现代文字是这样的：

孔子说："只是恭敬而不懂得礼，就会觉得很累；只是谨慎而不懂得礼，就会畏缩拘谨；只是勇猛而不懂得礼，就会制造祸乱；只是直率而不懂得礼，就会说话尖刻。在上位的人如果厚待自己的亲属，老百姓当中就会兴起仁的风气；君子如果不遗弃老朋友，老百姓就不会对人冷漠无情了。"

孔子在这里讲了礼的重要性，也就是规则的重要性。

在讲解之前，先把礼做一个简单的介绍。

礼，就是一种行为规则，涵盖了社会生活的方方面面，也包括了语言的规则。譬如初次见到丈母娘该怎么说，譬如人家感谢你你该怎么说等等。譬如结婚的礼，就有六道程序，俗称周公之礼。

秦朝摧毁了整个贵族阶层，也摧毁了周礼。因此周礼在秦朝之后逐渐消亡。

现在，可以来说说孔子的话了。

为什么说只是恭敬而不懂得礼，就会觉得很累呢？因为你不懂得规则，就掌握不好尺度。譬如你第一次去见丈母娘，你对她很恭敬。但是你不知道具体的礼仪礼节，你就会很紧张，带了一车的见面礼，一天总是不停地点头哈腰，还总是担心自己做错了什么，少给了什么，当然就会很累。但是，如果你懂得礼呢，你就不会这么累了，譬如按照礼的规定，你应该给丈母娘一万块钱的见面礼，见面的时候鞠一个躬，告别的时候鞠一个躬。那么，你只需要照此去做就行了，你就不会那么累了。

为什么说只是谨慎而不懂得礼，就会畏缩拘谨？因为你不懂得规则，就掌握不好分寸，不明白你的权利，可以去做的你就不敢做，显示出来就是畏缩拘谨；为什么说只是勇猛而不懂得礼，就会制造祸乱呢？因为你不懂得规则，不知道什么是正当防卫，什么是见义勇为，你就会滥用武力；为什么说只是直率而不懂得礼，就会说话尖刻呢？因为不懂得规则，就掌握不好用词，譬如你觉得隔壁老王的老婆很丑，周礼中的表达是"大嫂，您看上去很有内涵"，可是你不懂，你就说"大嫂你的脸长得像黄瓜皮啊"，这就是尖刻了。

不懂得规则，甚至美德都不是美德了。譬如你很谦让，但是你不懂得规则，那么你的谦让就可能造成混乱。就像开车，该你走你不走，你要让别人，结果就是谁也走不了。

甚至有的时候，你在不懂规则的情况下谦让，会让对方感觉你在羞辱他。所以，一味谦让不是美德，礼让才是美德，也就是在规则基础上的谦让才是美德。

懂得了规则，你就知道在什么场合下该怎么做该怎么说了，就会感觉很舒适很从容，别人也会觉得你很有自信很有修养。

你自觉遵守规则，你就是规则的主人，所以贵族总是遵守规则。

你被迫遵守规则，你就是规则的奴隶，所以不遵纪守法的人总是在想怎样逃避规则。所以，要懂规则，要守规则。

孔子宣扬周礼，自身当然也去遵守周礼。

在《论语》中就记载了一段孔子嫁侄女的故事，我们来顺便看看周公之礼是怎么回事。原文是这样的——

> 南容三复白圭，孔子以其兄之子妻之。（出自《论语·先进篇》）

这段话译成现代汉语是这样的：

南容三次执白圭求亲，孔子把侄女嫁给了他。

对于这一章，历来的解读都是不太准确的，不管他们。

为什么南容三次执白圭求亲，孔子把侄女嫁给了他呢？因为这是规则，求婚的规则。

周公在制定《周礼》的时候，制定了婚礼的程序。

从求婚到成婚，这个过程一共是六种礼节，或者说六道程序，分别是：纳采、问名、纳吉、纳征、请期、亲迎。其中，纳采就是求婚，亲迎就是把新娘迎娶回家。

六个程序中，除了问名之外，其余的五个需要送礼。

士一级的，也就是普通老百姓怎样送礼呢？纳采、纳吉、请期都是送大雁，想来那时候大雁比较多，纳征则是送黑、红两色的五匹帛和鹿皮两张作为礼物，这还真是价值不菲，到了亲迎的时候，反而不需要送昂贵的礼物，意思一下就行了。

请注意，三次送大雁。

但是，如果是诸侯求婚，大雁就要改成圭玉，也就是这里所说的三复白圭的白圭。由于当时在鲁国普遍使用越级的礼，因此虽然南容不是诸侯，也用了诸侯的礼。

我们知道，周公是孔子的偶像，他所制定的周礼是在参考商礼的基础上改进而来,被认为是非常完善的。

事实上,我们可以认为绝大多数的规则都有其合理性。

那么,周公之礼的合理性在哪里呢?或者说,人们为什么应该遵守周公之礼呢?

在这六道程序中,纳采、纳吉、纳征实际上都是求婚,也就是说,前两次都会被拒绝。第一次,女方家的母亲会说我的孩子还小,不懂事,配不上你家少爷。第二次,女方家的母亲会说我家孩子家务做得不好,怕不能得到婆婆的喜欢。到第三次,女方的母亲才会答应。

为什么前面两次要拒绝?因为这样等于给了男方家两次改变主意的机会,同时也给女方家了解男方的时间。如果男方坚持到第三次,女方也认可男方,就会答应求婚。不认可,就再拒绝第三次。之后,男方也就不会再来求婚了。

所以,有了这个程序,双方反悔的几率就大大降低了。毕竟结婚是人生大事,谨慎一些是应该的。

为什么现代社会的离婚率这样高呢?很可能是因为求婚和结婚都过于草率了,冲动型的婚姻一定会导致婚后更多的问题。试想一想,如果现代人结婚也有这六道程序,是不是离婚率会小一些?

这说明一个什么道理呢?

说明不要以为规则都是限制你的，实际上有很多规则是在帮助你、保护你。这就像交通规则，大家都守规则和大家都不守规则，哪样走得快呢？

对于礼的叙述，孔子还有很多，譬如著名的"君君臣臣父父子子"，意思就是君要守君礼，臣要守臣礼，父要守父礼，子要守子礼，每个人都遵守自己应该遵守的规则，社会就和谐了。

孔子还说"夷狄之有君，不如诸夏之亡也。"就是说野蛮民族有国君，不如华夏国家没有国君。

听上去，赤裸裸的种族歧视。不过，孔子的意思是，华夏国家是靠周礼治理的，有没有国君都一样。而别的民族没有周礼，就算有国君，也是乱七八糟。

一个人对于规则的态度，反映了这个人文明的程度。

那么，怎样才能做到守规则呢？

一个人要守规则，最首要的是要有规则意识。

为什么这样说呢？

我们来举一个物理学习的例子。

有的人物理学得很好，有的人怎么也学不好，为什么？因为没有物理思维。

物理思维其实说起来也很简单，就是当你面对物理题的时候,你需要从物理定律出发去解题,列方程解方程。但是在一开始学物理的时候,多数人面对简单的物理题采用的是猜答案或者排除法,并且常常是对的,于是他们没能培养好自己的物理思维,越往后学就越跟不上了。

不仅物理,数学和化学也是一样,你需要数学思维和化学思维。

再举一个例子,为什么犹太人和潮汕人会挣钱?很简单,他们有赚钱思维。譬如有一个路段上汽车经常被扎轮胎,你考虑的是怎样避开这个路段或者怎样避免扎轮胎,可是他考虑的是要不要在这里摆一个修轮胎的路边摊。这,就是思维的区别。

什么是规则意识?

就是做任何事情之前,首先考虑的是规则。

譬如开车的时候,首先要遵守交通规则。当然,交通规则不仅仅是红绿灯或者限速,还有一些基本上靠自觉遵守的规则,譬如礼让行人,譬如在没有灯的路口应该先到先走,譬如不要插队,譬如闹市区不要鸣笛等等。

我们常说入乡随俗,俗是什么?民间的规则。

回到现实中,规则意识有什么好处呢?

规则意识能够帮助你尽快地适应新的环境,譬如你到了一个新的行业，或者你去了一个新的国家或城市，你首先就会去了解这里的规则，并且让自己去遵守它。说句不好听的话，就算你想钻规则的空子，你也首先要了解规则。

有些人的规则意识是比较弱的，钻规则空子的意识是比较强的。但是不得不承认的是，守规则应该是一个群体行为。如果多数人不守规则，那么少数人也没有办法守规则。

所以有的人可能会说，守规则当然好，但是大家都不守规则，我怎么守规则呢？譬如买东西的时候大家都不排队，只有我排队，那么我可能永远排不到。

事实确实是如此，所以我们也只能说再在守规则的情况下尽量守规则。

但是，总要有一部分人先开始守规则。

当大家都不守规则的时候你守规则，你的内心会有一种强烈的优越感，这种优越感是花钱买不到的。

第十九章

有敬畏才有底线

孟子说"人之初性本善",荀子说"人性本恶"。

其实,人性没有天生的善恶。或者说,人性既有善的一面,也有恶的一面。一个好的社会,人性中恶的部分会被遏制,善的部分会被发扬。一个坏的社会,人性中恶的部分会肆无忌惮,善的部分会被抑制。

怎样去遏制人性中恶的部分呢?有人认为要靠法治,也就是靠所谓的法治社会。

但是,这些都是外力的强制压迫,必然遭到强力的反弹。一旦这种反弹突破了外力压迫,那么恶就会大爆发。就像秦朝这样的"法治"社会,一旦崩溃,接下来就是各种血腥的报复和屠杀。譬如后来的项羽,所到之处只要抵抗,一律屠城。到了咸阳,不仅烧杀淫掳,而且把秦始皇家族全部杀死。

那么,靠规则靠贵族精神呢?这也是不够的。在那种所谓"天知地知你知我知"的环境下,人性恶的部分就会不自觉地流露出来。

所以,要遏制人性中恶的部分,不仅要靠外力,更重要的是内力,是来自个人的主动抑制。而这种主动抑制,就叫作敬畏。

说到这里,顺便说说畏和惧的区别是什么?

对一壶开水不敢去触碰,碰了就会被烫,这是畏。但是,你可以避免被烫,就是不要碰他。

一条疯狗在你面前,你会惧,因为他会攻击你而且不讲任何道理,能否避免被咬不取决于你。

畏是出于理智,出于脑子的。惧是出于本能,出于心的。

畏多是出于敬,所以常说敬畏。惧多半是由于恐,所以常说恐惧。

孔子那个时代的人是有敬畏的,敬畏什么?

孔子说过君子有三件敬畏的事情:敬畏天命、敬畏地位高贵的人、敬畏圣人的话。小人不懂得天命,因而也不敬畏、不尊重地位高贵的人,轻侮圣人之言。

原文是这样的——

> 孔子曰:"君子有三畏:畏天命,畏大人,畏圣人之言。

小人不知天命而不畏也,狎大人,侮圣人之言。"(出自《论语·季氏篇》)

孔子在这里说到了君子需要敬畏的三个方面,其中,天命代表大势,不要与大势作对;大人是地位高的人,要尊重地位高的人。圣人之言类似正确的人生道理,要遵循。

实际上,在孔子的时代,人们需要敬畏的是天地、鬼神和祖先。所以,那时候要祭祀天地、祭祀鬼神和祭祀祖先。

孔子为什么没有说这三样呢?因为在孔子的时代这是常识,根本不用说。

人们认为,他所做的一切,都在天地鬼神和祖先的眼里。如果一个人做了恶事,就会受到惩罚,死后就会成为孤魂野鬼。

所以古人说:举头三尺有神明。

在孔子生活的时代,人们要祭天祭地,这就是对天地的敬畏。决定国家大事、订立盟约要在祖庙中,这是敬畏祖先;要祭祀社稷之神、灶神、河神等等,发誓诅咒要去乱葬岗,这是敬畏鬼神。

那时候,人们发誓是很认真的。所以,那时候人们是有底线的。

在孔子的时期,诸侯有国庙,卿大夫有家庙,用来祭祀自己的祖先。普通百姓则按照族群建立社,集中供奉祭祀自己的祖先,譬如当时的鲁国就有亳社,商族人在这里祭祖。

对于鬼神,孔子一般不愿意提及。有一次弟子樊迟问他,孔子就说"敬畏鬼神但要远离它,就可以说是聪明了。"

原文是这样的——

> 樊迟问知。子曰:"务民之义,敬鬼神而远之,可谓知矣。"(出自《论语·雍也篇》)

这一段话里,最著名也最重要的就是那句"敬鬼神而远之"了。

为什么孔子要这样说呢?

第一,要敬畏鬼神。

第二,离鬼神太近没什么好处,言多必失,你总在鬼神面前晃悠,不知道哪天哪句话就说错了或者哪件事就做错了。所以,保持距离才是聪明之举。

敬鬼神而远之的好处是什么?敬鬼神可以让人们的思想行为有所约束,远之则可以让人们不会因为讨好鬼神而做出违背人性、损害人利益的事情,譬如用活人祭祀等等。春秋时期在这一点上其实做得很不错,很少有荒唐迷信的事情发生,人们的道德水准是比较高的。

第三，当今世界上的宗教中，在敬鬼神而远之这方面做得比较好的是基督教。人们信奉上帝，但是只是信奉上帝对人们的要求，而这些要求是人与人之间的关系，上帝并不掺和。上帝长什么样？没人知道，没有偶像给你崇拜。人们不用给上帝下跪，不用烧香，一周礼拜一次，主要是修心，没有利益关系。

第四，如果鬼神对人的要求太多，整天要人赞美他、跪拜他、祭祀他、向他贡献祭品，这样的鬼神貌似也不是什么好鬼神。

再者说了，人有人的生活，鬼神有鬼神的生活，总麻烦人家干什么？

所以，首先要敬鬼神，要有所敬畏，要有底线。其次，离鬼神远点。等自己死了之后，再去找鬼神们玩吧。

敬鬼神而远之，会不会人们离鬼神越来越远，最后彻底忘记鬼神的存在呢？

所以，要祭祀，要定期提醒自己鬼神在看着自己，让自己内心的罪恶冲动被压制下去。所以，古人有祭祀之礼。

孔子认为，祭祀鬼神的时候要相信鬼神真的在注视着你，要有诚意有敬畏，如果仅仅是走个过场，还不如不祭祀。

原文是这样的——

祭如在，祭神如神在。子曰："吾不与祭，如不祭。"（出自《论语·八佾篇》）

这是孔子在讲敬畏与形式。

有的人表面上有所敬畏，实际上是在骗人。譬如祭神的时候，真正心怀敬畏的人会很虔诚，会认真地回顾自己做了什么，有什么需要忏悔需要改进。可是有的人完全是敷衍了事，既然这样，还去敬什么鬼神呢？骗鬼吗？

我们知道，祭祀是一种仪式，而仪式是为了纯洁自己的灵魂，纯洁自己的灵魂则是为了约束自己的行为。

举行仪式是一项耗时耗力的事情，如果不当回事，那么何必折腾呢？如果不虔诚投入，怎么能纯洁灵魂呢？怎么能约束自己的行为呢？这样的祭祀还有什么意义呢？

所以，如果空有仪式，而内心没有诚意的话，还不如没有仪式。

有趣的是，春秋时期的人们除了敬畏天地鬼神和祖先之外，还要敬畏后人，这一点是别无分店的。

原来，按照周礼，一个人一生的所作所为不能由自己来评价，必须由后人来评价。因此周礼有谥法，每个人死后会获得一个谥号,这个谥号是由后人根据这个人的生平来确定的。

譬如周厉王、周幽王在生前没干什么好事,死后就得到了这样糟糕的谥号。譬如齐桓公、晋文公、楚庄王都属于生前名声不错,死后获得了好的谥号。

卫国的孔圉去世之后,获得了"文"的谥号,因此后人称他为孔文子。子贡就来问孔子为什么孔圉能获得这个谥号,孔子就解释说因为孔圉生前"聪敏勤勉而好学,不以向比他地位卑下的人请教为耻,所以给他谥号叫'文'。"

原文是这样的——

> 子贡问曰:"孔文子何以谓之'文'也?"子曰:"敏而好学,不耻下问,是以谓之'文'也。"(出自《论语·公治长篇》)

这段话衍生出两个成语,敏而好学和不耻下问。

中国历史上只有两个朝代取消了谥号,一个是秦朝,秦始皇不怕遗臭万年,不允许臣下评价皇帝。到了清朝的时候,统治者们认为不能让后人评价前人,因此也取消了谥号。

不过随着中国从秦朝进入专制社会,皇帝的权力越来越大,大臣们都是一堆马屁精,越往后走,谥号越不真实。譬如明朝一堆皇帝,可是谥号一个比一个好,堪称不要脸至极。

在周朝时期,国君们很在乎自己死后能获得什么样的谥号,因此而有所顾忌。从本质上说,这就是对后人的敬畏。

楚共王去世的时候反省自己的一生,认为自己犯了过错,请求大夫们给自己比较差的谥号,以免后人说自己不要脸。不过鉴于他的这种反省精神,大夫们最终给了他一个不错的谥号。

在《论语》中,孔子还说过"君子疾没世而名不称焉"。什么意思呢?君子很担心自己死后的名声不怎么样。

在孔子的时期,自己给自己唱赞歌的事情是绝对不存在的。自己活着的时候就开始给自己修坟墓,就开始给自己立功德碑,这是从秦始皇开始的。

现在我们知道,在孔子的时期,人们有四大敬畏:天地、鬼神、祖先和后人。人们既害怕做了坏事会受到天地鬼神和祖先的惩罚,也担心遗臭万年。所以,那个时候的人做事是有底线的。

没有敬畏,当然就没有底线。所以,假冒伪劣、有毒食品、地下水污染、滥捕滥杀……种种断子绝孙的赚钱方式被层出不穷地发明出来,一点也不奇怪。

我们知道,很多贪官在落马之前都热衷于烧香拜佛,甚至花巨资去烧大寺庙新年的第一炷香,这难道不是敬畏吗?

这当然不是敬畏,这只是赤裸裸的行贿而已。贪官们干了很多下地狱的坏事,干了很多神明最不能容忍的事情,他们却不害怕,他们以为自己供奉了几个猪头,或者捐助了几个香钱,神明就会保佑他们,这不是把神明当成索贿的贪官了吗?这不是把神明当成蠢货了吗?

所以,他们根本没有信仰,他们根本没有敬畏。

动物界是绝对的弱肉强食,可是人类社会不是这样,为什么?因为人类有敬畏之心,强大的人之所以不敢恣意欺凌弱小的人,是因为他相信还有更强大的力量在注视着自己,这就是敬畏之心。所以,人和动物的一个重要区别就是敬畏之心。

人类为什么会有宗教?宗教为什么会迅速地传播,直到今天自然科学已经如此发达,宗教的力量依然强大,为什么?因为人类需要有敬畏之心,人类社会需要有敬畏之心。

对于我们来说,需不需要有敬畏呢?敬畏什么?怎样才能敬畏呢?

当然要有所敬畏。

怎样才能有所敬畏?有自己的信仰。

信仰什么?看看那些你所敬佩的人,看看那些文明智慧的人,看看那些善良的人,看他们信仰什么。

第二十章

有容乃大

有两副著名的对联。

海纳百川,有容乃大;壁立千仞,无欲则刚。

开口便笑,笑天下可笑之人;大肚能容,容世间难容之事。

包容,是孔子极力推崇的一种品德。

孔子曾经说"吾道一以贯之",一些人就问曾子这个"道"是什么,曾子说是"忠恕",做事要尽心尽力,做人要包容大度。

孔子最推崇的人是周公,当初周公制定周礼就是包容的产物。周取代商之后,周公并没有对商人赶尽杀绝,而是给了他们自己的国家。而周礼就是在商礼的基础上制定的,要是没有周公对商文化的包容,就没有周礼。

在《论语》中孔子有一句著名的话:"君子和而不同,小人同而不和。"(出自《论语·子路篇》)

这句话译成现代汉语是这样的：君子具有独立见解，互补互益，不苟同于别人；小人缺乏独立的思想，随大流跟权威。

什么是和？什么是同？

答案就在《左传》里，而且是标准答案。

梁丘据是齐景公的宠臣，专门负责陪齐景公吃喝玩乐，一次，齐景公问晏婴："唯据与我和夫？"意思是只有梁丘据跟我是和吧？晏婴回答："什么和啊？那就是他一味迎合你，顶多说是同而已。"

"那和与同有什么区别？"齐景公问道。

"那当然差别大了。"晏婴说道，"和呢就像做肉羹，用水、火、醋、酱、盐、梅来烹调鱼和肉，用柴火烧煮。厨工调配味道，使各种味道恰到好处；味道不够就增加调料，味道太重就减少调料，最后做出可口的肉羹来。国君和臣下的关系也是这样，国君是肉，臣下们就是水、火、醋、酱、盐、梅。国君拿主意，但是臣下们要提供自己的看法，综合在一起，就是最好的主意。音乐的道理也像味道一样，由一气、二体、三类、四物、五声、六律、七音、八风、九歌各方面相配合而成，由清浊、小大、短长、疾徐、哀乐、刚柔、迅缓、高下、出入、周疏各方面相调节而成。现在梁丘据不是这样，国君放个屁他也说是香的。如果用水来调和水，谁能吃下去？如果用琴瑟老弹一个音调，谁听得下去？梁丘据什么都跟您相同，要他还有什么用？"

所以，什么是和？就是各人畅所欲言，表达自己的见解，集中不同的意见，达成最好的结果，而不是所有人的意见都一样。

所以一个君子首先要有独立的思想独立的人格，同时也还必须尊重别人的思想别人的人格。你可以不同意别人的意见，但是你要尊重别人表达意见的权力。

西方有句话：我不同意你的观点，但是我坚决捍卫你表达观点的权力。其实，这就是西方版的"君子和而不同"。

那么，小人为什么要追求同呢？原因主要是三点、第一，为了好处而刻意逢迎别人讨好别人；第二，没有独立思维，盲目追随别人，愚民教育下产生很多这样的人；第三，有权力却没有自信，强迫别人与自己相同，从秦朝开始的专制统治者们就是如此。

要做到"君子和而不同"，要点在于什么？在于包容。上级对下级的包容，人与人之间的包容。

为什么春秋战国是中国文化和思想的爆发期？因为那是一个包容的时代。在一个缺乏包容的社会里，"君子和而不同"是不可能存在的。敢于"不同"的人不仅仅会被统治者不容，也被普罗大众所不容。

所以，要做到包容，首先是尊重别人表达意见的权利。而且，这是最基本的。

孔子和晏婴之间的故事很好地诠释了什么是"和而不同"。

孔子曾经北漂到齐国，见到了齐景公。齐景公很欣赏他，准备重用他。可是，担任相国的晏婴坚决反对，他认为孔子的学说已经过时了，不适用于齐国。最终，齐景公听从了晏婴的意见，孔子失去了一个非常好的机会。

换了别人，一定会非常痛恨晏婴，到处说晏婴的坏话。可是孔子没有，他知道晏婴这人正直而直爽，他反对齐景公用自己并不是针对自己，而是见解不同而已。所以，孔子不仅从来不说晏婴的坏话，还赞扬他，并且说自己把晏婴当成兄长。

在人际关系中，孔子认为包容是非常重要的。

孔子的弟子子张固执钻牛角尖，爱抓小辫子，总是盯住别人的缺点不放，喜欢追究别人的隐私，别人的动机。总之四个字：道德洁癖。有一次子张问孔子怎样才能与人相处得好，孔子就告诉他"不要纠缠往事，也不要刨根问底打听别人的隐私和动机。"

原文是这样的——

> 子张问善人之道。子曰："不践迹，亦不入于室。"（出

自《论语·先进篇》)

什么是"践迹"？

迹就是过去发生的事情，过去说的话，践迹就是追究过去的事情。这里的意思就是抓住人家过去的过失或者言论不放。

那么，入室呢？

古人家里有堂和室，堂就是现在的客厅，接待客人的。室呢？就是卧室。客人来了，只能在堂里交谈，而不能进入卧室。因为卧室是隐私的地方，外人不可以进去。

所以，入室在这里就是打探人家的隐私，猜度人家的动机。

所以，孔子一针见血地教导他：不要揪住人家的过去不放，不要窥探人家的隐私猜度人家的动机。

这，就是包容的第二层含义了。

除了尊重别人的自由表达之外，也不要纠结于别人过去的错误，不要窥探隐私和猜度动机。

我们的现实生活中，就有一些人喜欢拿别人的陈芝麻烂谷子来说，就是所谓的"哪壶不开提哪壶"。有些人就是喜欢去探究别人的隐私，讲别人的八卦。有些人就是喜欢去猜度别人的动机，质疑别人的目的。这些，都是坏毛病。

所以，要懂得包容，包容别人过去的错误，包容别人小小的差错,包容别人的隐私。唯有如此,才能在与人交往中不让人讨厌。

有的人,平时什么也不干,却盯着那些干活的人,一旦抓住一点失误,就喋喋不休借题发挥。一旦别人干得好了,他就去质疑别人的动机。

所以我们有句很无奈的话:做得越多,错得越多。

现实社会中,像子张这样的人其实是很多的,遇上事情总是在道德层面上指指点点,因此看谁都不顺眼。

那么,怎么办?如果你自己就是这样的人,怎么去改正自己呢?

像原谅自己一样原谅别人。

像要求别人一样要求自己。

做到这两点,你基本上就改掉了一半。另一半怎么改?你对什么不满,自己去做一做试试看。

曲阜城里有一个人叫互乡,这个人平时喜欢抬杠,蛮不讲理,谁也不喜欢他。可是有一天互乡来求见孔子,说是想跟孔子学习。弟子们都说不见他,可是孔子决定见他,弟子们就有些疑惑。

"他来见我,说明他想要进步,一个人要进步的时候,我们就应该推动他。一个人现在要学好,我们就不要纠缠于他过去的不好。"孔子这样对大家解释说。

原文是这样的——

> 互乡难与言,童子见,门人惑。子曰:"与其进也,不与其退也,唯何甚?人洁己以进,与其洁也,不保其往也。"(出自《论语·述而篇》)

这个,就是孔子所说的"不践迹"。过去的事情不要咬住不放,要看眼前看未来。

我们知道,当一个人进步的时候,如果大家表现出包容,对他进行鼓励,那么就会加强他改正错误的决心,加强他追求进步的信心。反之,如果大家仍然揪着过去不放,拒绝他打击他,他就很可能退回去了。

这,大致就是肯定式教育的理论基础吧?

我们知道,东方教育和西方教育有一个本质的区别,那就是东方教育倾向批评式教育,西方教育擅长肯定式教育。当然,我们不能说哪一个模式就完全对,哪一个模式就一无是处。但是,肯定式教育确实有它的优点。

譬如一个孩子参加比赛,十个人比赛他得了第五名。有些东方家长就会很不高兴,说你还是不够努力,为什么得不了第一?你看看隔壁王叔叔的儿子。西方家长就会很高兴,说你已经尽力了,而且有了进步,快乐就好。

两种教育之下,你很难说下次比赛谁的孩子会进步,谁的孩子会退步。但是,可以肯定的一点是,肯定式教育模式下长大的孩子会更快乐,而且会更有信心更有创造力,因为他不用担心父母的责备,也不用担心失误或者犯错。

其实何止是孩子呢?我们在职场同样如此。譬如你刚刚入职,心里很忐忑,不知道自己能不能做好工作。如果领导和同事们总是鼓励你肯定你,或者总是批评你,你觉得哪一种会让自己进步更快呢?

上级对下级的肯定很重要,下级对上级的肯定同样重要。

某个坏人某一天突然做了一件好事,这个时候大家是讽刺他呢?还是赞扬他呢?当然要赞扬,当然要鼓励,坏人也是需要肯定的。当他得到赞扬的时候,他就会愿意做更多的好事。某一天他的好事做得够多的时候,他可能就不再是坏人了。

所以孔子说,对人不要求全责备。要包容他的过去,肯定他的进步。当一个人向正确的方向迈出第一步的时候,你要在身后推他,而不是拉他。这个时候,你不要去猜度他的动机,他的动机不重要,他做什么才重要。

包容的反面是什么?是斤斤计较,是睚眦必报。

在社会生活中，我们常常可以看到两个人吵起来甚至打起来，而起因往往微不足道，譬如走路的时候不小心踩了别人的脚。包容的人，笑一笑过去了。斤斤计较的人，就会不依不饶，最终把小事弄成大事。

有的人朋友多，为什么？因为包容。每个人都有自己的缺点，如果揪住别人的过去不放，那就不会有朋友。就像孔子说的，交朋友就要包容别人的缺点，这样才能长久。

前面说到夫妻关系的头号敌人是抱怨，抱怨就是因为不懂得包容。所以维持良好夫妻关系的诀窍就是包容。

对自己的孩子更要包容，因为孩子都有成长的过程。

包容并不会吃亏，并且常常会带来意料之外的回报。春秋时期，一个将军在酒后调戏了楚庄王的爱妾，楚庄王包容了他。结果在与晋国的战斗中，这个将军救了楚庄王一命。

在生活中，包容的性格能让你获得更多的朋友和善意。而狭隘刻薄的性格也会带来意想之外的惩罚。

譬如去餐馆吃饭，对于服务员的过错，有的人故意刁难，但是别忘了，你的菜都是服务员给你端上来的，他在端菜的过程中做了什么你是不知道的。

杨绛有一句话我很喜欢：心小了，什么事都是大事。心大了，什么事都是小事。

一个人不懂得包容,没有朋友,妻离子散。

一个老板不懂得包容,人才会离去,客户会离去,最终就是破产。

一个社会不懂得包容,自己不喜欢的就禁止,自己不懂的就废弃,那这个社会迟早会出问题。

包容与守规则一样也是一个社会性的问题,如果仅有你包容,而别人都不包容,往往会显得你很懦弱。

曾经我有一个老师从德国回来,他的儿子非常高大,也回来上学。一开始,有同学欺负她,他选择包容。结果越来越多的人开始欺负他,认为他懦弱认为他傻。最终,忍无可忍的他暴揍了其中的一个人,于是再也没人欺负他了。可是,一个曾经包容的孩子变得不包容了。

所以,要让人们学会包容,还是要从教育开始,还是要从社会层面开始。

第二十一章

以直报怨还是以德报怨

有一个话题是很有争议性的,那就是宽恕。

按照道家的说法,叫作"以德报怨";按照佛家的说法,叫作"舍身饲虎";按照基督教的说法,叫作"爱你的敌人"。

但是,孔子不这么说,也不这么做。

所以,孔子的学说不是宗教。宗教是站在神的立场说话,孔子是站在人的立场说话。

先来看看孔子是怎么说的。原文是这样的——

或曰:"以德报怨,何如?"子曰:"何以报德?以直报怨,以德报德。"(出自《论语·宪问篇》)

这段话译成现代汉语是这样的:

有人说:"用恩德来回报怨怎么样?"孔子说:"那么用什么

来回报恩德呢？应该是以对等的态度来回报怨，用恩德来报答恩德。"

这段话怎么理解？

要理解这段话，首先要弄懂什么是怨。

要弄懂什么是怨？最直接的办法就是弄清楚恨、仇、怨的区别。

恨是出于内心的，情感的，二者之间未必有什么过节或者伤害，譬如隔壁老王特有钱，我没钱，所以我恨他，这就是我们常说的羡慕嫉妒恨。

仇是一种客观的存在，客观的伤害，一定是有过节的，与主观没什么关系，譬如杀父之仇、夺妻之仇等等，就不会说成杀父之恨。

怨，更多的是感情上、自尊上的伤害，而不是身体或者物质上的。并且，这种怨很多时候是无意中造成的。怨和恨有相似之处，都存在于内心，但是程度来说，恨比怨强烈得多。

有仇报仇，这一点没什么好说的。譬如子路的儿子要去报杀父之仇，孔子就很支持。但是不能说有恨报恨，只能说雪恨。仇和恨的一大区别是仇往往可以计量，恨却不能。报仇往往是有限度的，可是雪恨可能没有限度，所以动不动说恨死谁谁了。

相比较，怨没那么严重。

譬如你从前在背后说过我坏话,我因此而怨你。但是当你有困难的时候,我却帮助你,这就是以德报怨。很典型的是廉颇和蔺相如,廉颇数次羞辱蔺相如,蔺相如却始终忍让他。

但是孔子却不主张以德报怨,理由是:你对我不好,我却对你好。那别人对我好,我该怎么对别人呢?换言之,你对我不好,我还对你好,这不是鼓励别人对我不好吗?

所以孔子说,你怎么样对待我,我就怎么样对待你。当然这里要注意,这里的对待不是手段,而是态度,这就是以直报怨。

那么,孔子不是强调包容吗?为什么还要以直报怨呢?

其实,二者并不矛盾。

孔子所强调的包容,是对缺点对不足甚至对错误的包容。孔子的以直报怨,是对对方态度的回击。换言之,如果我包容你的不足包容你的错误,你会敬重我;如果你羞辱我污蔑我,而我还要包容你或者没反应,那么你会进一步地羞辱我污蔑我,其他人也会认为你说的是对的。所以,我必须要反击。

这就是我们常说的:打得一拳开,免得百拳来。

所以,孔子所说的以直报怨是很现实的很世俗的想法。

孔子的说法一点也不高尚,但是很现实。

有人会说,如果蔺相如按照孔子的话去做,就没有将相和了。没错,是这样的。但是大家想过没有,将相和的故事里,蔺相如固然高尚，廉颇不是也很高尚吗？谁能够像他一样负荆请罪呢？

两个超级高尚的人在一起，才有了将相和，在中国历史上有几例呢？所以，将相和只是个特例，孔子所说的以直报怨才是普遍的道理。

再来看看孔子是怎么做的。原文是这样的——

> 孺悲欲见孔子，孔子辞以疾。将命者出户，取瑟而歌，使之闻之。（出自《论语·阳货篇》）

这段话译成现代汉语是这样的：

孺悲想见孔子，孔子以有病为由推辞不见。传话的人刚出门，孔子便取来瑟边弹边唱，有意让孺悲听到。

这段话看上去没头没尾，实际上却有一段故事。

不久前，孔子去拜会鲁哀公，鲁哀公正准备和后宫美女唱卡拉OK，没心情见老头子。于是派近臣孺悲出来告诉孔子，说是主公有病，请您改日再来。孔子转身刚要走，宫里传出了歌舞的声音，说明鲁哀公根本没有生病。孔子大为恼火，心说你不是把我当二傻子吗？自尊心很受打击。

这一次，鲁哀公派孺悲来请教"士丧礼"的事情。孔子一看，你们上次不是忽悠我吗?这次我照方抓药,以直报怨,同样的办法来回报你。于是,就发生了这段故事。

这段故事孔子要报的怨并不是财物的或者身体的,而是自尊上的。上一次你们伤了我的自尊,这一次我伤你们的自尊。

对于孔子的做法,当然会有不同的解读,你可以说他鼠肚鸡肠,也可以说他不畏权贵,也可以说他玻璃心好面子。

有人说孔子不是一个很讲包容很讲宽恕的人吗?为什么要这样做呢?

我们可以做一个有趣的对照,上一章我们讲到互乡的故事,孔子选择包容,为什么孔子可以包容互乡,却不宽恕孺悲和鲁哀公呢?

因为,互乡是在改变自己,是朝正确的方向迈出第一步,所以孔子要推他一把,要帮助他与过去切割。也就是说,孔子宽恕的是他的过去,肯定的是他的现在。可是,孺悲和鲁哀公不一样,他们并没有改正的迹象,孔子为什么要宽恕他们呢?如果孔子宽恕他们,只能让他们得寸进尺,更加不把孔子放在眼里。

所以,孔子的包容和宽恕是有条件的,如果自己的包容能够帮助一个人向好的方向转变,那么包容他。如果自己的宽恕只能纵容和鼓励一个人在坏的方向走下去,不宽恕。

几年前的德国发生一起大案,一个难民强奸并且残忍杀害了一位姑娘,而姑娘的父亲是当地的检察长。令世人吃惊的是,她的父亲并没有要求严惩这个杀人凶手,反而恳请大家宽恕他,从轻判处。

大致,她的父亲是想实践"爱你的敌人",可是他忘了,如果人性恶的一面不能得到惩处,那么这种恶就会发酵。

在欧洲,这样的人被称为"道德婊",他们是非不分,对罪恶无原则宽恕。于是,就有了欧洲今天的治安败坏。

同样的,美国加州的民主党政府将一千美元以下的抢劫不视为抢劫,对这种小额抢劫犯实行宽恕。结果呢?著名的零元购盛行,摧毁了一个个原本繁华的城市。

所以,宽恕是要有原则的,"爱你的敌人"的最好方式不是宽恕,而是惩罚。

宽恕也是需要资格的,就像谦虚需要资格一样。

譬如你夺得了冠军,你说其实大家实力差不多,这叫作谦虚。如果你只得了最后一名,你说自己不行,这就不是谦虚了,因为你确实不行。所以,谦虚的资格属于冠军,最后一名根本没有资格去谦虚。

宽恕也是一样,宽恕历来都是上对下的,都是强者对弱者的,弱者根本谈不上宽恕,只有屈服或者反抗。

就像你和一个巨人交谈,当巨人弯下腰来和你说话,你会说他很亲切。当你和一个小矮人一起,他也弯下腰去跟你说话,你会说他是个蠢货。

宽恕,听起来很美好很高尚,确实生活中也有很多人很多事值得去宽恕。但是,滥用宽恕就会成为道德婊,有百害而无一利。

对于罪恶不能宽恕,这等于纵容,这是对受害者的进一步伤害,这也会把更多的人推到犯罪的边缘。

对于欺骗和蔑视不能宽恕,因为宽恕等同于愚蠢和软弱,只能招来更多的欺骗和更大的蔑视。

对于没有反省没有悔意的错误不能宽恕,因为这等于鼓励他进一步犯错。

对于比自己强大的力量不用去考虑宽恕,因为你没有资格,而且对方也根本不在意你是否宽恕。这就像泰森打了你一拳,你宽恕他,不回他一拳。实际上,你是否宽恕他,你是否给他一拳,对他来说都毫无意义。这个时候,你应该考虑的是怎样避免他的下一拳。

所以,宽恕是一个美德吗?如果是,这一定是最危险的美德。

来到现实,现代社会中,人的社会关系和社交频度大大超过以往,如果不能正确地对待宽恕,就很可能在生活和工作中左支右绌。

怎样避免自己成为一个没有原则的道德婊或者一个睚眦必报的促狭鬼呢?怎样避免自己整天为了以直报怨还是以德报怨而耽误时间呢?

首先你要明白自己有多大的资格可以去决定怎样报怨,如果你是一个普通人,在大多数情况下你根本没有资格去宽恕谁的。譬如老板训斥你一顿,你要考虑自己要不要宽恕他吗?譬如交警罚了你的款,你要考虑是不是宽恕他吗?所以这部分的烦恼就省省吧,接受命运就好,最好一笑而过,否则就是自寻烦恼。

其次你要正确地定义这个怨,将自己的怨控制在低水平,也就将自己以直报怨还是以德报怨的烦恼控制在了低水平。有的人像个怨妇一样从早到晚抱怨个不停,这种人必然是陷于烦恼之中的。

通常而言,越无聊的人怨就越多,越无知的人怨就越多。通常,那些在网上怼天怼地的杠精们,多半是无知又无所事事的人。

这就是我们常说的"世间本无事,庸人自扰之"。世上原本没有那么多怨,当你心中充满怨的时候,不是世界对不起你,而是你对不起世界。

再其次，孔子所说的"以直报怨"其实也只是"报怨"的一个合理选项而已，不必执念。并不是说谁谁羞辱过我或者蔑视过我，我就一定要报复回来。

上面孺悲的案例中，孔子也是恰好遇上这样一个机会，顺手牵羊而已。如果没有这样的机会，孔子也不会无聊到登门去"报怨"的程度。

"以德报怨"同样也是"报怨"的一个合理选项，用自己的宽恕去感化对方或者化解尴尬同样也是没有问题的，这样的例子也是很多的。

事实上现代社会人们普遍节奏快压力大，再加上教育的不足，因此很多情况下都是无心之失，完全可以理解和原谅。

事实上，强势的一方往往更适合"以德报怨"。所以，当你足够强大的时候，你甚至可以忽略掉怎样去"报怨"这个问题。

最后要说的是，千万要弄清楚怨和仇、恨的不同。孔子所说的"以直报怨"中的"直"，也包含了程度上相当的意思。也就是说，不要把"怨"升级，也不要把怨"无限延伸"，要适可而止。

还是上面孺悲的故事，鲁哀公后来再次派孺悲去孔子那里学习"士丧礼"。这一次，孔子就热情接待了他，并且向他传授了"士丧礼"的知识。为什么孔子要这样做？因为怨不是仇，也不是恨，没有必要一直追究下去，能化解就化解。

春秋时期有这样一件事情，郑国的公子宋那一天食指跳了两下，就说今天一定有好吃的。结果到了郑灵公那里，他恰好炖了一锅王八汤正给大家喝，公子宋就得意地说自己有感应。郑灵公跟他开玩笑，故意不分给他。可是，公子宋当了真，认为这是故意羞辱自己，生气地走了。按理说，这么一个由玩笑引发的误会，最多就是怨的程度了，可是公子宋把它当成了仇恨。后来竟然杀了郑灵公，而自己也被赶出了郑国。

现实生活中类似以上的事例时有发生，一点小小的怨往往经过双方发酵之后，演化成了身体上的伤害，甚至成了刑事案件。譬如前段时间流行的东北话"你瞅啥？"就因为别人多看了你一眼，就演变成了斗殴打架，这不是吃饱了撑的吗？

所以，如何让"怨"不升级，这是以直报怨需要面对的一个问题。

第二十二章

助人者自助

　　人类行为并不都是等价交换的，有的时候有的人会无偿为其他人做一些事情，通常这就叫助人。

　　即使是最自私的人，也会有帮助别人的时候。

　　在孔子看来，助人是一种美德，是君子的行为。所以孔子说"君子成人之美，不成人之恶。"（出自《论语·颜渊篇》）

　　啥意思？君子成全别人的好事，而不破坏别人的事。

　　什么是成人之美？就是帮助你把事情做成。什么是成人之恶，就是把你的事情破坏掉，而不是帮你干坏事。

　　成人之美，就是帮助人的意思。

　　所以，助人为乐在孔子那时候就提倡了。

　　孔子其实是一个很喜欢帮助人的人，他在做大司寇以及后来周游列国回到鲁国之后，俸禄是很高的。家里多余的粮食，孔子都会拿出来帮助左邻右舍和自己的亲戚。

孔子有句话叫作:老吾老以及人之老,幼吾幼以及人之幼。也就是说,家里的长辈得到赡养之后,如果还有余力,就去帮助别人家的老人。自己的孩子养好之后,如果还有余力,就去帮助别人的孩子。

所以,孔子助人有一个条件,或者说有一个顺序,那就是自己的家人、朋友邻里、其他人。自己一家人还吃不饱的情况下,孔子不会把粮食给别人。

听起来不高尚是吧?可是这符合人性。

凡是不符合人性的,都是不会长久的。

孔子在修编《春秋》的时候,发现史料上有一些空白,问鲁国的史官这是怎么回事,史官就说这是当时的史官有些事情没有弄明白,因此留下空白,让后来清楚这件事的人来补充上,于是就完整了。孔子听了之后非常感慨,他说这就像有马但是没有车,于是就把马借给有车的人一样。原文是这样的——

子曰:"吾犹及史之阙文也。有马者,借人乘之。今亡矣夫!"(出自《论语·卫灵公篇》)

孔子在这里所表达的是什么意思呢?

在孔子的时期，中国人还没学会骑马，马的作用就是套车。所以家里只有马没有车，基本上就没什么用。如果我有马而没有车，而隔壁老王有车没有马，我就干脆把马借给隔壁老王，这样马的价值才能体现出来。换言之，自己的东西给了别人，自己没什么损失，别人却得到了好处。

在孔子看来，这样帮助别人的方式是最好的。可是孔子最后感叹，说现在的人们已经不这么做了。

为什么说这样的方式是最好的呢？

首先，这不损害自己的利益。

其次，这帮助了邻居，增进了和邻居的友好关系，一旦自己需要用马车，也可以从邻居那里借。

所以，帮助别人，同时也等于帮助自己。这样的助人就是创造了价值，大家都有好处，远远比单纯的奉献更有意义。

有这样一个故事，说鲁国有些人在战争中成了外国的俘虏，鲁国政府于是规定，能够把这些鲁国俘虏赎回来的人，每赎回一人可以得到三十金的奖励，当然，这钱由俘虏家人来出。后来子贡帮人赎回来一个人，家属给他三十金的报酬，子贡拒绝了。

孔子当时批评了子贡，孔子说你这样做听起来似乎很高尚，可是你开了这么一个不收钱的先例，今后还会有人去国外赎人吗？所以看上去你很高尚，听起来你是救了一个人，实际上你害了更多的人。

孔子在这里就说明了一个道理,大家都有好处的事情,才会持久。各经济体之间也是如此,但凡那种无偿援助的,第一不能持久,第二会成为仇人。相反,那种互利合作的,才能长久下去、

孔子周游列国回到鲁国之后,专心于教学和编写《诗经》《春秋》等,对于功名富贵已经没有兴趣。平时那些抛头露面博眼球的事情也都给弟子们去做,自己专心做幕后的事情。

于是有人就感慨,说孔子真是了不起,自己这么博学,却不争名夺利。

听说了这些话,孔子对自己的弟子们说:"这就像驾驶战车,我是当一个御者呢?还是当一个射手呢?我当然是当一个御者。"原文是这样的——

> 达巷党人曰:"大哉孔子!博学而无所成名。"子闻之,谓门弟子曰:"吾何执?执御乎?执射乎?吾执御矣。"(出自《论语·子罕篇》)

孔子这话什么意思呢?

春秋时期打仗用战车,一辆战车上配三个人,一个是御者,也就是驾车的。一个是车右,是个勇士,手持长戟,负责近战。还有

一个叫射,负责射箭,进行远程攻击。一场战斗下来,扬名立万的通常是射手和车右,御者基本上没人过问。这就像足球比赛,出风头的永远是前锋,后卫只能默默奉献。

其实这里技术含量最高的就是御者,战车进攻的时候怎么走位,撤退的时候怎么走位,什么时候加速什么时候减速,怎样才平稳行驶,怎样避免撞车,怎样给射手最好的角度等等,都是学问。

所以孔子的意思就是,我全力为你们服务,你们去出人头地吧。这也是一种助人的模式,这种模式就是我愿意多出力,少得好处,帮助你们得到最大的利益。

这种助人方式有一个最大的特点,就是注重精神上或者感情上的满足。

譬如孔子,尽管自己很低调,但是看到弟子们的成长进步和出名,他在心理上很满足。这也是一种非常好的助人方式,提供帮助的一方也会得到满足。

这两种助人方式,可以统称为双赢式助人。

双赢式助人的最大好处是具有可持续性,那种舍己为人的助人方式虽然高尚,可是并不符合基本的人性,偶而做一次没问题,长久去做则是不可能的。

这,也是孔子特别强调这两种助人方式的原因了。

我们知道中国历史上有一个人名叫墨子,墨子有自己的学派叫作墨家。

墨家的主张叫作兼爱,也就是没有区别地爱所有人,而且是舍己爱人,自己过着叫花子一样的生活,却要去帮助别人。

实际上墨家的主张跟基督教的主张有些类似,基督教提倡博爱,也主张舍己爱人。

二者的区别就在于基督教多了一个上帝,上帝可以让你死后进入天堂。这个区别就是一个致命的区别,人们为了死后进入天堂,活着的时候愿意舍己爱人,毕竟一个人死的时间比活的时间长很多,算算性价比还是不错的。

可是墨家就不一样,死后进不了天堂,活着还要受罪,谁干?所以没多久,墨家就消亡了。

孔子的助人理念跟他们不同,总结起来就是两句。第一,助人是有先后顺序的;第二,助人者自助。

听起来似乎不够高尚,但是这符合人性。所以,这才是可持续的。

其实,基督教的博爱本质上也是助人者自助的,帮助别人是为了自己死后进入天堂。如果没有这一条,试试看。不仅基督教,任何的宗教不都是这样吗?如果没有死后的良好待遇,人们干吗?

回到我们的现实生活中,还是孔子的二原则更接地气一些。

首先是助人有先后,亲人朋友同学等等肯定在优先之列,其次才惠及其他人。

自己有余力才去助人,否则要么是别有用心,要么是打肿脸充胖子。

对于助人有先后这一点,需要一个特别的补充。

按照亲疏关系的帮助应当是基于救济的范畴,也就是适用于基本的生活要素。譬如食物、衣物这一类。

但是更高级的助人,取决于品质和能力。

譬如你有一个亲戚的孩子,好吃懒做不懂得感恩,是个寄生虫吸血鬼。而你邻居的孩子好学上进,品行端庄。如果一定要帮助一个人上大学,你帮助谁?当然是后者。因为前者除了浪费你的钱之外,就是给你丢人。而后者才有可能给你回报。

所以,自助者天助之,天都要帮助他,我为什么不帮助他?

帮助别人,又能给自己带来好处的,这是最好的助人方式。譬如一些明星和企业家捐助希望工程,虽然花了钱,但是名声好了,还能抵税,当然可以干。

我们知道北京的一位足球运动员高雷雷长期以来默默无闻

地资助四川边远山区的孩子们,他图什么呢?啥也不图,这样的人当然是值得敬佩的。后来我们知道,他是个有精神追求的人,于是有了合理的解释。

助人者自助,这其实应该是每个人的助人原则。

有人会说,照你这样说,得不到回报的助人就不用去做了,是吗?当然不是。

首先是你怎样定义回报。譬如你帮助隔壁王大妈整理花园,得到的回报就是邻里关系的亲密,今后两家就可以互相帮助了。譬如帮着不认识的王大妈提行李,得到的回报就是心理上的优越感。如果你认为这些都不是回报,那你当然不会去帮助他们。

其次是起码的怜悯慈悲之心是要有的,譬如王大妈突然晕倒在地,你当然应该帮助她,这与回报没有任何关系。当一条狗晕倒的时候,旁边的狗都会伸出援手,何况人呢?

当然,人会碰瓷,这导致现在人们都不太敢扶老人了。

这说明一个问题:助人也是有风险的。

那么,因为有风险,就拒绝助人吗?

孔子不这么认为,孔子认为一个君子会有足够的智慧去应对碰瓷党。

所以孔子说:"不预先怀疑别人欺诈,也不臆测别人不诚实,然而能事先觉察别人的欺诈和不诚实,这就是贤人了。""你可以去欺骗君子,但是君子不会被你迷惑。"

原文是这样的——

> 子曰:"不逆诈,不亿不信,抑亦先觉者,是贤乎!(出自《论语·宪问篇》)"

> "君子可逝也,不可陷也;可欺也,不可罔也。"(出自《论语·雍也篇》)

孔子的意思是,我们不能因为这些骗子就改变我们的价值观。

记得"911"事件之后,有人建议美国改变自己的自由旅行政策,当时的美国总统小布什就断然拒绝,理由就是"我们不应该因为这些恐怖分子就改变我们的生活方式"。

虽然如此,农夫与蛇和东郭先生与狼的教训还是要记取,在助人的同时要保护好自己。

说到助人,就不能不提到广东的一句俗话:升米恩,斗米仇。

这是真理,这确实是真理。

我们知道中国有位女演员长期资助一个贫困学生,结果贫困学生不断提出过分要求,不满足就在网上造谣诋毁。这样的事情实在太多了，不仅发生在个人之间，而且发生在国家之间。

为什么会这样？

其实原因很简单，这就是因为违背了孔子的助人原则。

一升米是用来救急的，出于怜悯慈悲。可是，一斗米就不是了，一斗米可以吃很长时间。

对于受帮助者来说，一升米是有办法偿还的，可是一斗米就很难偿还了。从心理上讲，受帮助者会有巨大压力，他会感到在你面前抬不起头。于是，他就会想你为什么对他这样好？想来想去，就会觉得你一定另有所图。这就像那个怀疑邻居偷了他家斧头的故事一样，一旦有了这个想法，他很快就能确认你就是图谋不轨。随后，他还能回忆起从前你怎样对他不好。最终，他决定仇恨你，这样既能消除他对你的亏欠感，还能借此拒绝回报你的一斗米。

相反，如果你按照孔子的原则来帮助他，给他一斗米的同时，要他帮你加修院墙。这样，他心理上没有亏欠感，也就不用挖空心思去怀疑你的动机了。

为什么高尚的行为，往往得到丑恶的回报，就是因为忽略了人性。别的事不也是同样的道理吗？

第二十三章

知取舍知进退

那一年孔子去周朝的首都洛邑参观学习,在太庙见到一个叫作"宥坐之器"的容器。这个容器有一个特点,盛满了水就会倒,水太少就会倾斜,只有水的高度恰当的时候,才会立得正。

对此,孔子深有感慨,说了一段非常有哲理的话:"高而能下,满而能虚,富而能俭,贵而能卑,智而能愚,勇而能怯,辩而能讷,博而能浅,明而能暗;是谓损而不极,能习此道,惟至德者及之。易曰:'不损而益之,故损;自损而终,故益。'"

这段话翻译过来是这样的:"地位高的,要谦恭;事事圆满的,要谦虚;富有的,要节俭;出身尊贵的,要平等待人;聪明的,要能吃亏;勇敢的,要保持畏惧;口才好的,要敢于认错;博学的,不要卖弄高深;能看透世象的,要让自己糊涂一些。这样的做法,就是减损自己,避免太满。能做到这一点的,都是最有德的人啊。

所以,《周易》里说:将要满的时候不自己减损反而增加的,最终一定会受损;将要满的时候懂得自损的,结果一定会很好。"

这段话,把我们前面的很多章都给包括了。

不过,这段话的核心意思就是三个字:知取舍。

我们的老师历来只教导我们要有进取心,要不断进步。

但是,人生不是赶火车,人生是自助游。累了,要歇一歇。错过了风景,要向回走。要看东边的风光,就要舍弃西边的景色。人生不断面临选择,不断面临取舍。只取不舍,你会累死在路上,你会错过许多的风景。

孔子在卫国待了很多年,有很多朋友,很多人让孔子佩服。

公子荆是孔子的朋友,虽然贵为公子,公子荆一点也不贪。刚开始有点财产的时候,他就很高兴地说"够用了"。财产多一些的时候,就说'差不多了';富足的时候,就说'哇塞,我很满足了'。"

原文是这样的——

> 子谓卫公子荆:"善居室。始有,曰:'苟合矣。'少有,曰:'苟完矣。'富有,曰:'苟美矣。'"(出自《论语·子路篇》)

公子荆这样的人,就叫作知足。知足者常乐,还不会引祸上身。

孔子还有一个朋友叫公叔文子,这是国君的弟弟,人人都喜欢他。孔子很好奇,有一次问公明贾,公明贾就跟他解释说"公叔文子在恰当的时间说话,因此人们喜欢他的话;真正高兴的时候才笑,因此人们感受到他的真诚;不义之财不取,因此他发财人们也不会嫉妒。"

原文是这样的——

> 子问公叔文子于公明贾曰:"信乎,夫子不言,不笑,不取乎?"公明贾对曰:"以告者过也。夫子时然后言,人不厌其言;乐然后笑,人不厌其笑;义然后取,人不厌其取。"子曰:"其然,岂其然乎?"(出自《论语·宪问篇》)

公叔文子这样的人,就叫作知取舍。该取的取,不该取的就舍弃。因此,即便他富有,人们也不嫉妒他。

孔子在卫国最好的朋友是蘧伯玉,也可以说两人是亦师亦友,孔子在卫国期间就住在他的家里,孔子尊称他为夫子。当卫国政治清明的时候,蘧伯玉就出来做官。当卫国政坛混乱的时候,蘧伯玉就辞职回家。

原文是这样的——

子曰:"直哉史鱼!邦有道如矢,邦无道如矢。君子哉蘧伯玉!邦有道,则仕;邦无道,则可卷而怀之。"(出自《论语·卫灵公篇》)

蘧伯玉这样的人,就叫作知进退。能为国家做事的时候就出来做事,感觉到危险的时候,就回到家里自求多福。

知足,知取舍,知进退。

孔子认为,这是君子必须要有的品质。

孔子的一生,其实都在进退取舍之间做选择。

每个人的一生,其实也都在进退取舍之间做选择。

曾经我看过一本书叫作《股票作手回忆录》,据说这是职业炒股人必备的一本书,这本书的内容写的是著名的股票操作者埃德温·李费佛的一生。讽刺的是,李费佛最终因为炒股巨亏而自杀。

我们有句话叫作"十赌九亏",事实上除了庄家之外,基本上百分之九十九的赌徒都以倾家荡产收尾。

为什么会这样?因为赌徒是不懂得知足的。亏了,还想赚回来;赚了,还想赚更多。

所以,知足并不容易,知足是一种境界。

但是,知足不等于躺平。

有人说，如果人人都知足，世界怎么发展？我的生活状况很不理想，我凭什么知足？这话没错。知足的前提是我的生活水准在平均线以上，知足的前提是我没有能力进取。

所以，知足对公子荆这样的人是一种美德，对普罗百姓来说未必。

这是一个进取的时代，每个人都在奋斗。

俗话说：光脚的不怕穿鞋的。很奇怪，为什么不说"光手的不怕戴手套的"呢？

不管怎样，光脚当然要进取，不过要穿上鞋。

但是，在这个进取的过程中，或者在你穿上鞋之后，你会面临取舍的问题。有的东西不能取，有的还必须舍弃。

不义之财不能取，违法所得不能取，不属于自己的不能取。当然，这些都是大道理，我们这里不再说了。

《易经》里说：厚德载物。

有多厚的德，才能载动多重的物。德不是品德，而是相应的能力。

所以，德就是判断取舍的一个条件。

有土豪很有钱，死的时候把财产都留给了儿子。儿子是个败家子，没几天败光了钱，上街乞讨去了，这就是儿子的德不够厚，钱越多越害他。很多的 NBA 球星在打球的时候很有钱,可是退役之后没多久就败得精光,最后只能上街乞讨。这样还不如从一开始就做个蓝领工人。

譬如你家徒四壁身材五短,却有机会可以娶一个貌美如花的老婆,你敢吗?武大郎的教训还不够深刻吗?所以,当你的德不够厚,你只能舍。

譬如你是一个小包工头,却有机会拿下一个上亿的巨大工程,你敢吗?

怎么办?你只能逐渐地让自己的德厚起来再说了。

不能取的不要取,有的时候,取到的还要舍弃。

有句古语叫作:将欲得之必先与之。

佛语有:舍得。

意思一样,就是说先舍后得。

其实,境界更高更实际的还是"宥坐之器",舍,不是为了得,而是为了保住剩下的部分。

三国时期,孙策找鲁肃借粮,鲁肃二话没说,把自己一半的粮食送给了孙策。有人说鲁肃真大方,实际上如果他不大方的话,另一半恐怕也没了。

高中的时候,数学老师告诉我们,学数学你的书会越学越厚，因为你会有很多笔记加进去。但是后来就会越学越薄，因为你学懂了之后，这些笔记就都会扔掉。最后，你只需要记住几个公式就行了。

财富的追求同样如此，一开始你的财富越来越多，直到你发现你的德载不住你的物，你的能力罩不住你的财富。怎么办？减少你的财富，舍弃部分的财富，保住其他的财富。可惜的是，多数人并不明白这个道理，他们永远不知道什么时候该舍弃。

为什么很多富人往往没有好下场？这就是答案。

春秋末期中国的首富是范蠡，范蠡就曾几次把自己的财产捐出去，所以说他才是一个聪明人。

如果每个人都足够理智，那么武大郎和潘金莲的故事应该是这样的：西门庆委托王婆去找武大郎商量，只要武大郎同意离婚，将获得巨额补偿。于是，武大郎和潘金莲离婚，潘金莲和西门庆结婚，武大郎获得巨额补偿之后，娶了南门的张寡妇为妻，王婆获得高额的中介费。之后，每个人都幸福地生活下去了。

知进退同样很重要。

俗话说得好：一朝天子一朝臣。

商鞅是秦孝公的宰相，秦惠王继位之后，立马杀了商鞅。张仪是秦惠王的宰相，秦武王登基之后，张仪立马辞职，然后逃去了魏国。甘茂是秦武王的宰相，秦武王死后，立马逃去了齐国。

该退的时候要果断地退，不要等人家赶你，那就不好看了。中国历史上的很多人之所以被杀，就是因为该退不退，挡了人家的路。

所以一个人要知进退，只知道进而不懂得退的人，就像象棋里的兵，地位最低而且最容易阵亡。

其实，孔子还说过这样一段话——

"贤者辟世，其次辟地，其次辟色，其次辟言。"（出自《论语·宪问篇》）

什么意思呢？贤人逃避动荡的社会首选隐居，其次移民，两点都做不到的就要避免给别人难看的脸色，避免用恶劣的语气与人说话。

我们有句话叫作"激流勇进"，听起来很给力。可是，真正需要勇气和智慧的是"急流勇退"。

知足知取舍知进退是一件很不容易的事情，因为这直接与人的欲望相抗衡。不要以为富豪们都是傻瓜，以他们的智商尚且做不到，其他人要做到怎么会容易呢？

人生如画，要懂得留白。

俗话说：完美是一种罪恶。

所以当你的目标实现八成的时候，你就可以考虑剩下的两成是不是可以作为留白了。这个时候可以让自己停下来思考观察，去看看自己的德是不是变厚了，以此来决定自己是知足常乐，还是继续进取，还是急流勇退。

你要随时提醒自己到底要什么，这样你才能决定取什么舍什么。

曾子德高望重，鲁国的国君很敬重他，常常来请教。

有一次，国君想要让曾子来做官，这样就可以给他封地，让他的日子过得更好。可是曾子拒绝了，曾子的理由诚实而直接，他说："我现在之所以敢于对您说真话，是因为我无求于您。如果我接受了您的官职和封地，我今后跟您说话就会有很多顾忌。您是需要一个朋友呢？还是需要一个下属呢？"

曾子很明白自己想要的是自由的思想和自由的生活，因此他舍弃了官职和封地。

一个人很想去环游世界，于是拼命打工挣钱。突然有一天他知道自己患上了癌症，这个时候他却突然明白过来：我的梦想是环游世界，而不是打工挣钱啊。没有钱我就不能环游世界了吗？

于是，他蹬着自行车开始了环球之旅。他舍弃的是舒适的旅行方式，获得的是环游世界的梦想。

很多人根本不知道自己到底想要什么,这无疑是一种悲哀;很多人在取舍之间做出了错误的选择,这也是一种悲哀。很多人在进退之间犹豫不决,这可能不只是悲哀,而是悲剧了。

所以每个人都应该不定期问自己到底想要什么,每个家长都应该问自己想要自己的孩子过怎样的生活。弄明白了这些,当面对取舍进退选择题的时候,你才能不痛苦地做出选择,并且不会后悔。

第二十四章

不要与大势对抗

现代人喜欢讲命运,其实,命和运是两个概念。

按照通常的说法,命是先天的不能改变的,运是后天的可以改变的。所以,算命是没什么意义的,就算知道了自己是个什么命,也改不了。算运才有意义,因为可以想办法去改。所以,现在算命的不多,算运势的多。算你这个月的运势怎样,然后怎样改一改。

当然,这类东西我们可以说都是迷信。

孔子学周易,所以就讲命。

但是孔子讲命是讲天命,从来不讲人的命。天命可以改吗?更改不了了。

那么为什么要讲天命呢?因为天命就是大势,人要服从大势所趋,不要逆势而为。

孔子给学生们讲课,很少谈到利益,主要讲的是天命以及怎样为人处世。

原文是这样的——

> 子罕言利,与命与仁。(出自《论语·子罕篇》)

孔子所说的命,都是指天命。

我们首先来弄清楚天命的定义是什么。

周朝灭商的时候,周公说"天命在周"。"天命在周"的意思并不是周朝的命运早已经注定,而是说周朝承受了上天赋予的统治天下管理天下的权力和责任。

孔子也说,当商纣王成为商王的时候,就说明上天已经抛弃了商朝,将天命赋予了周,这个时候,就是"天命在周不在商"。

所以,所谓天命,实际上就是不可逆转的天下大势。

那么,天命是怎么知道的?算命算出来的?或者上帝显灵告诉你的。当然不是,天命是观察分析出来的。

孔子说自己五十而知天命,那时候他还没有开始研究《周易》呢,怎么算?

那么,孔子这个时候知的天命是什么?

在孔子四十九岁那一年,周王室发生了王子朝之乱,鲁国则发生了阳虎之乱。这两件事情叠加在一起,让孔子意识到周的统治已经崩塌,天命已经不在周了。

所以，从五十岁开始，孔子知道周朝已经无法挽救。

知天命之后的孔子怎样呢？如果说此前他的理想还是希望恢复周朝王室的强大和秩序的话，那么现在，他对王室已经失去了信心，他的理想只是用周礼来拯救天下，而新的秩序由谁来建立并不重要。所以，此后孔子周游列国，甚至去了他认为是蛮夷的楚国，却独独没有去洛邑见周王。

所以，人要认清大势，顺应大势。至少，不要对抗大势。

有人说他不服天不服地，就要对抗大势。

那么有一个成语送给他：螳臂当车不自量力。

认清了大势，就不会被小的事件所困惑。

譬如中国足球队与阿根廷足球队比赛，你绝对不会因为中国足球队有一脚精彩的射门，就认为中国足球队会赢。

孔子在鲁国担任大司寇的时候，子路在季孙家担任管家。一个叫公伯寮的人对孔子师徒不满，到处说他们的坏话。这一天，他又在季孙面前说了子路的坏话，孔子的朋友子服景伯就来对孔子说了，并且表示可以帮孔子收拾公伯寮。孔子就告诉他说"鲁国这个国家的命运不是由公伯寮可以决定的，理他干什么呢？"

原文是这样的——

> 公伯寮愬子路于季孙。子服景伯以告，曰："夫子固有惑志于公伯寮，吾力犹能肆诸市朝。"子曰："道之将行也与，命也；道之将废也与，命也。公伯寮其如命何！"（出自《论语·宪问篇》）

孔子的意思，大势，不取决于小人物。

实际上，大势，也不取决于大人物。

大势一旦形成，谁也不能改变。

明朝要覆灭，崇祯来也没有用。清朝要覆灭，戊戌变法就一定夭折。没有人能扶大厦之将倾，也没有人能挽狂澜于既倒。

孔子认为，一个人如果不懂得正确理解语言，就无法与人交流。一个人如果不懂得周礼，就不能立身处世。一个人如果不懂得天命，就不是一个君子。

原文是这样的——

> 子曰："不知命，无以为君子；不知礼，无以立也；不知言，无以知人也。"（出自《论语·尧曰篇》）

所以，知天命是一个君子的标配。

既然天命根本就不是一个人能够去改变的，为什么孔子还要说不知道天命,就不能做君子呢?

问题就在于:天命是用来改变的吗?天下大势是用来改变的吗?

当然不是。

天命是用来顺应的,天下大势是用来遵从的。

用我们现在的话说,就是要顺势而为,而不是逆势而为。

举个简单的例子,当商纣王成为商王之后,商朝就已经被上天所抛弃,天命就已经到了周人那边。作为一个商朝的人,这个时候是应该逆天命为商朝卖命呢?还是顺从天命与周人合作呢?

孔子给的答案非常清晰:顺应大势,与周人合作。

孔子的祖先是微子,作为商纣王的哥哥,他主动投降了周。如果放在现在,他会被说成是"商奸"。但是孔子认为他是圣人,他做得对。不仅微子选择了与周人合作,孔子作为商人的后代,他很坚定地认为周武王伐商是正确的,是符合天命的。

所以我们可以想象,如果孔子生活在商纣王的时代,他同样会做"商奸"。

微子顺应大势,其结果就是保住了商族。如果他没有挺身而出去做这个"商奸"呢?商族可能就从地球上被抹去了。

与天下大势相比，什么个人的、民族的、国家的荣辱和利益等等都是微不足道的，抗拒天下大势就等于螳臂当车，只能自取灭亡。

所以，当文明征服野蛮的时候，顺应天命是最明智的选择，抗拒天命只会得到嘲笑。

那么，当野蛮征服文明的时候呢？这个时候会有两个选择。第一是忍辱负重，保全自己，等待机会。另一种是用生命去换取尊严，知不可为而为之，这将得到后世的尊崇。

在天命面前，孔子的选择是很有趣的。

孔子知道天命已经不在周朝，所以他对周王室不再抱希望。但是同时他不甘心周礼被抛弃，他知道周礼是文明的体现，他用了一生去为周礼鼓与呼，这就是知不可为而为之。

还有一个知不可为而为之的是三国时期的诸葛亮，他知道天命不在蜀，知道蜀国一定会灭亡。可是为了报答刘备的知遇之恩，数次北伐，这都属于知不可为而为之。

懂得了天命，那么之后该怎样呢？

子曰："危邦不入，乱邦不居。天下有道则见，无道则隐。邦有道，贫且贱焉，耻也。邦无道，富且贵焉，耻也。"（出自

《论语·泰伯篇》)

啥意思?

孔子说:"不进入政局不稳的国家,不居住在动乱的国家。天下有道就出来做官,天下无道就隐居不出。国家有道而自己贫贱,是耻辱;国家无道而自己富贵,也是耻辱。"

所谓危邦、乱邦、天下有道、天下无道、邦有道、邦无道,都是对大势研判的结果,通过自己的观察了解,通过其他人的介绍,得出结论。

之后,顺应大势。

天下有道就出来做官,这个时候能发挥自己的能力,还安全。天下无道,就做个普通百姓。为什么危邦乱邦都要躲避,天下无道就不躲避呢?因为没地方躲。

国家有道的时候,政策开明高效,实行法治,鼓励人民致富。如果这个时候还不能发家致富,只能说明你没有顺应大势,所以是一种耻辱。相反,国家无道的时候,政治腐败,民不聊生。这个时候你没有顺应大势去独善己身,却能够发国难财,说明你一定是个无耻的东西。

那么回到现实,天命跟我们普通百姓有什么关系呢?天命有什么现实意义呢?

天命的现实意义就在于我们必须要顺应天命,顺应天下大势,不要跟大势作对。

举个例子,譬如说你炒股。

当经济上行,外贸提升,百姓生活越来越好的时候,股市必然上涨。这个时候就可以入市,挑选好的股票下手了。可是当经济下行,外贸不振,百姓都不敢花钱的时候,股市一定下行,这个时候就要果断出来。千万不要以为自己眼光独到,不要以为自己有超高智商。所谓覆巢之下安有完卵,泥沙俱下的时候,谁也无法独善其身。

股市如此,房市也是同样如此,就业市场也是同样如此。

天下的大势要顺应,行业的大势也要顺应。

逆大势而行,就是虎口夺食,火中取栗。

对于个人来说是如此,对于国家也未尝不是如此。只有看清大势,才能选择正确的一边。

所以我们有句话叫作:识时务者为俊杰。

第二十五章

孝敬父母

中国的贵族文化形成比西方早得多,中国的贵族文化起于商朝和周朝,而西方从中世纪才开始。

对比之下我们可以发现,其实中西方的贵族文化具有极高的相似度。当然,在某些方面也有明显的差异,譬如,西方一直实行一夫一妻制,而中国最早是一夫多妻制。还有,中国有孝文化,而西方没有。

孔子是一个非常重视孝道的人,重视到什么程度呢?他把孝作为考察一个人品质的首要因素。

孔子说:"弟子们在家里要孝敬父母,出门在外要敬重师长,言行要谨慎,要诚实可信,要广泛地去爱众人,亲近仁人。这样躬行实践之后,还有余力的话,就可以去学习文化知识。"

原文是这样的——

> 子曰："弟子，入则孝，出则悌，谨而信，泛爱众，而亲仁。行有余力，则以学文。"（出自《论语·学而篇》）

按照孔子的说法，如果你在家里不孝的话，根本没有资格来我这里学习。

不过有意思的是，孔子四岁丧父十六岁丧母，实际他基本上没有机会去孝敬父母，对于怎么样去孝敬父母是缺乏体验的。那么孔子怎样判断一个人是不是孝呢？

其实很简单，孔子作为周礼的捍卫者，周礼就是他的判断标准。所以孔子说道："什么是孝？孝就是不要违背礼。父母活着的时候，要按礼侍奉他们；父母去世后，要按礼埋葬他们、祭祀他们。"原文是这样的——

> 孟懿子问孝。子曰："无违。"樊迟御，子告之曰："孟孙问孝于我，我对曰，无违。"樊迟曰："何谓也？"子曰："生，事之以礼；死，葬之以礼，祭之以礼。"（出自《论语·为政篇》）

也就是说，按照周礼中规定的与父母的关系去做，就是孝。

周礼中是怎样规定的呢？我们现在已经不知道了。不过孝道作为中华民族的传统美德流传下来，多多少少我们还是知道一些。

不过到了现代社会，尤其是城市化之后，子女和父母之间的关系与从前已经有了巨大的变化，此时再去说古代的孝道，似乎已经不合时宜了。确实,其中的很多内容完全不适用于现代了。

所以,我们需要找出一些对我们依然有意义的内容来。

在儿女与父母的关系中,现在有一种普遍的现象叫作"啃老"。古时候是养儿防老,如今是"养儿啃老"。不过说起来呢,这也不完全是儿女的错,甚至根本就不是儿女的错。

想想看,这一代的年轻人多数是独生子女,再加上城市的生活成本很高,就业也不容易。很多年轻人的收入确实养不活自己,只能啃老。我们也知道,绝大多数在城市买房的年轻人都不是完全靠自己的收入,而需要双方父母的积蓄。在这样的情况下,能够做到不啃老,还能给父母养老的,就算是孝了。

不过孔子说:"只是给父母养老,这不算孝。如果仅仅是给父母提供饮食,那跟养宠物有什么区别吗?关键是对父母要尊敬,这才是孝。"

原文是这样的——

> 子曰:"今之孝者,是谓能养。至于犬马,皆能有养;不敬,何以别乎?"(出自《论语·为政篇》)

养,是物质上的。敬,才是出于内心的,是精神上的。

随着社会养老保障体系的建立,实际上如今城市中老人需要子女赡养的并不多,也就是说,父母对子女在物质上的要求是很低的。

那么父母需要什么呢?需要关怀,需要问候。

如今不同以往,以往家里有好些兄弟姐妹,如今都是独生子女,如果再去大城市闯荡,基本上父母就会很寂寞。到了过年过节,更是孤独。而作为儿女,在城市里生活也是居大不易,未必买得起房接父母过来,未必过年过节能够回去。可是,平时打个电话发个视频也是可以的啊,有事说事没事问候。过年过节就算人回不去,给父母寄点过年礼物是完全可以做到的啊。礼物未必很值钱,但能让父母知道你在挂念着他们。

这很难吗?关键在于心中有没有父母。

事实上,没有孝文化的欧美国家,过年过节儿女同样会回去看望父母,合家团圆也是他们的传统,回不去的也会通过电话进行问候。

随着父母年龄的增长,孝敬父母的儿女内心是矛盾的。一来为父母的长寿而高兴,二来为父母越来越老而忧伤。所以这个时候,就特别关心父母的身体,生怕有什么疾病。

所以孔子说"父母之年,不可不知也。一则以喜,一则以惧。"(出自《论语·里仁篇》)"父母唯其疾之忧。"(出自《论语·为政篇》)

孔子不知道的是,其实啃老的儿女也很担心父母的身体。

为什么呢?因为父母有退休金,而且父母的生活本身比较简单,一个月花不了几个钱,大部分的钱实际上都"孝敬"了儿女。这种情况下,看在退休金的分上,很多孝子贤孙是很担心父母的身体情况的。

要按照孔子时代的孝子贤孙的标准要求现代人是肯定不现实的了,可是中华民族的传统美德也不能就这么咔嚓了。所以,还是要研究一下儿女和父母之间的恰当关系。

先说说父母吧。

如果你从小溺爱孩子,把他们培养成了啃老族,那没办法,自求多福吧。

我们知道中国人的传统观念是养儿防老,在这个观念下,只要儿子有独立生活能力了,父母立即就觉得自己老了,就该享清福了,儿女就该还债了。这个观念在现代社会也不太合理了。

有些地方,人过五十就说自己老了,就成大爷了,说老就老,心态身体都呈现出来,不是跳广场舞就是托着鸟笼子在公园里转。上公交车别人不给让座就连打带骂。

未老先衰,倚老卖老,这是有些父母的通病,要改。要知道,你保持年轻的心态,才能跟你的子女有共同的话题,才能像朋友一样轻松地交流。

有人说,我没有未老先衰啊,我给儿女带孩子,比上班还累啊。对了,这是另一个误区。

孩子的孩子不应该由你来带，你最多算帮忙，主要的带孩子工作还是你儿女自己的事。要知道，不是父母带出来的孩子，跟自己的父母会有隔阂，是很容易产生教育问题的。

儿女对父母要关怀，要尊敬。就算啃，啃的姿势也不要太难看。

有一次，子夏问孔子怎样才能做到孝，孔子就说"脸色是难点。平时有什么事，你们这些弟子都帮我干了；好吃好喝，都让老师我先享用。但是这就算孝吗？其实这些我都不在乎，我在乎的是你们是不是给我好脸色。"

孔子的话其实是非常对的，人老了，吃穿用度其实都不在乎了，也用不了多少，这个时候就特别担心自己是不是成了子女的累赘，是不是被子女嫌弃。如果这个时候子女的脸色难看，父母的内心就会忐忑恐慌外加惭愧。所以对父母，永远不要用难看的脸色，永远不要用不耐烦的语气。

人老了，性格会变得偏执，不听劝。这个时候该怎么办呢？

孔子说了，如果父母有什么不对的，要用委婉的方式去劝说。实在不听呢，也就不要坚持了，始终要保持恭敬，不要抱怨。

原文是这样的——

　　子曰："事父母几谏，见志不从，又敬不违，劳而不怨。"

（出自《论语·里仁篇》）

第二十六章

形式还是要的

周礼的一个重要部分就是礼仪,也就是仪式。

早期的时候,孔子坚持事事都要严格遵循周礼,有时候弄得自己很难堪,也成了他最受诟病的部分。原因很简单,因为从周公制定周礼到孔子的时代已经过去五六百年了,很多事情都发生了变化,原先的礼仪未必就合适了。还有就是当初的周礼本身就有些繁琐,已经应该简化了。

到后来,孔子的思想也发生了变化,对于仪式也倾向于删繁就简,只要保持其核心的内容就好。

有的人认为仪式完全是个没有用的东西,主张彻底摈弃。到后来,不知道谁又发明了一个"形式主义"这样的词汇。

那么,形式到底有没有作用呢?

孔子在《论语》中说过这样一句话。

子曰：道听而涂说，德之弃也。（出自《论语·阳货篇》）

啥意思呢？

对这句话历来的解读都是错误的。历来的解读都把道听途说解释为"在路上听，然后就在路上说，这是对道德的抛弃"。

所以，道听途说就成了没有根据的小道消息的代名词了。

但实际上根本不是这样的。

我们知道，《论语》中的德是专指统治者以身作则，因此这句话的主语应该是君主。

"道听"和"途说"与内容毫无关系，孔子强调的是君主的这两种行为方式是错误的。

按照周礼的规定，君主与大夫议事在朝廷，与百姓交谈或在朝廷或在国社，而决策和发布命令要到祖庙进行。也就是说，君主的听和说都是有场合规定的。"道听"和"途说"都是错误的场合，是不合周礼的。

那么，如果君主常常在不恰当的场所去听取消息，在不恰当的场所发布命令或者发表看法，这会怎样呢？人们会认为你很不严肃，你的话非常随意。因此，你就将失去你的威信，你就将失去你的引导示范作用。换言之，你就将失去你的德。

所以这句话的意思应该是这样的：君主在不恰当的场合讲话，就是放弃自己的权威。

譬如在公司里，你要找老板汇报，老板一定说"到我办公室来"。老板要宣布重要决定，一定是让大家去会议室听他说，而不是在食堂吼一嗓子。

所以形式还是很重要的。

周朝的时候，每个月的初一为朔，十五为望。按照周礼的规定，周天子每年秋冬之际，就把第二年的历书颁给诸侯，诸侯把历书放在祖庙里，并按照历书规定每月初一来到祖庙，杀一只活羊祭祖，表示每月听政的开始。这头羊叫"饩羊"，这个仪式叫作"告朔"。

进入东周之后，周天子已经不再颁布历书，不过鲁国自有历官，因此自行告朔之礼。到孔子时代，鲁国君主已不亲自去"告朔"。所以，子贡提出去掉"饩羊"。

子贡的意思是，既然周天子和鲁国国君都已经不在乎这个礼了，索性也就别浪费这头羊了。

孔子则不这么认为，他认为周礼已经被败坏了，"告朔"这个礼中，国君已经不来了，但是至少还有这头羊，如果连这头羊也没有了，周礼就彻底没了。只要这头羊还在，这个礼也就还在。与礼相比,一头羊算不了什么。

原文是这样的——

> 子贡欲去告朔之饩羊。子曰:"赐也!尔爱其羊,我爱其礼。"(出自《论语·八佾篇》)

孔子的想法对不对呢?应该是对的。

"告朔"之礼其实是向鲁国百姓宣示国君的统治,三桓架空鲁国国君之后,鲁国国君的存在感本身就已经不大了。如果再把羊拿掉,这个礼基本上就算没有了,人们就会认为鲁国国君连羊钱都出不起了,其存在感将会面临清零的危险。

一次,林放来向孔子请教礼仪的问题,孔子就对他说:"就礼仪的一般情况而言,与其奢侈,不如节俭。"

原文是这样的——

> 林放问礼之本。子曰:"大哉问!礼,与其奢也,宁俭;丧,与其易也,宁戚。"(出自《论语·八佾篇》)

在奢侈和俭朴之间,孔子选择俭朴。当然,之所以选择俭朴,除了节约的目的之外,孔子还担心太奢侈了会越礼。

当然,选择奢侈和俭朴要根据具体情况来定,并不是一定要俭朴。

譬如你有生意上的朋友来拜访，你临时租了一辆奔驰去接机，又借了钱带他去最好的酒店吃饭，这是要体现你的实力和诚意，看上去也并不夸张。譬如你大学同学来拜访，你乘地铁接他，路上帮他提行李，回到家里吃你老婆做的饭菜，这个表达的是兄弟一样的感情，同甘共苦不分彼此，并不显得寒酸。

所以，不同的礼仪，传达不同的信息。

到这里我们知道，做一件事情，内容是最重要的。但是，这并不意味着形式就不重要，或者形式就可以忽略。很多情况下，形式也是不可或缺的，把内容和形式对立起来是不对的。或者说，形式本身也是这件事情的一个部分。

举个例子，当年刘邦拜韩信为大将，那是专门设了拜将台，亲自跪在地上把大将军印给了韩信的。为什么要走这样一个形式呢？因为韩信是新人，没有战功没有人脉，大家都不服气，刘邦要用这个形式来帮他撑场子。

再譬如结婚，领了证就算法律上完成了这件事，为什么还要婚礼呢？需要这么一个形式来表明这件事情是个非常重要的事情，不是儿戏。同时也是告诉亲朋好友：我们结婚了。

我们知道春秋时期的第一任霸主齐桓公的相国是管仲，管仲是一个非常注重效率的人。齐桓公称霸之后，管仲每一年都要召集诸侯前来会盟，这让诸侯们很烦恼，认为实在没有必要这样。但是，管仲认为会盟虽然只是个形式，但是通过会盟是在提醒诸侯们要遵守"国际新秩序"，而且，有必要每年提醒一次。

实际上，我们的生活和工作中，很多的时间和精力都用在了形式上。如果没有形式，人类社会就会像机器人社会一样了，沉闷而高效，但是没有活力。

对于个人来说，其实随时都面临着怎样对待形式的问题。

譬如说结婚，有的人婚礼隆重，有的人婚礼简单，有的人根本不举行婚礼。

婚礼隆重的也未必就是真的对这桩婚姻多么期待，有可能只是为了收红包。所以有的人今年隆重结婚，明年轰动离婚。不举行婚礼的也未必就是不珍惜这个婚姻，可能只是因为他们有自信。

形式多多少少都是应该有的，不过是多是少因人而异。

那么，怎样判断形式的多少呢？

很简单，首先你要明白形式是为内容服务的。对你的内容毫无意义的形式，果断抛弃。对你的内容有帮助的形式，理性选用。

举一个例子。

假如你认为你自己的一切都是神赏赐的,得罪了神后果很严重,那么你就要在形式上重视神,烧香祈祷还愿等等。如果你觉得你的神很和蔼很正直很包容,那么你能按照神的要求去做也就够了。如果你觉得你的神跟贪官没啥区别,可以用钱贿赂的话,那就多烧钱多上贡。

其次,你要明白形式对内容可能的影响。

譬如谈恋爱,去什么样的场所是不一样的。为什么要去电影院、去游乐园、去公园、去野外?为什么不去纪念堂、不去博物馆、不去烈士陵园?

你要知道形式有的时候是可以产生内容的。

譬如你在公司或者单位默默无闻,跟领导根本谈不上话。某一天你结婚了,在家乡办了婚礼,却还要邀请单位同事和领导办一个小型婚礼,为什么?不是为了红包,而是要借这个形式跟同事们沟通感情,跟领导建立联系。所以,形式有的时候就是一个平台,借着这个平台可以做你想做的事情。

现代社会了,平台的作用是很大的。

有的人很讨厌形式的东西,认为那不过是耗时耗力毫无意义的东西,那是因为他们没有了解形式的重要性和必要性。

根据最新的研究结果,在美国学习工程的人和学习文史的人毕业之后,薪金差距很大,学工程的碾压学文史的。但是到了四十岁的时候,形势逆转,后者反超前者,为什么?因为理工男通常厌恶形式的东西,而学文史的擅长形式的东西,前者始终在封闭的圈子里,后者则不断积攒人脉。到四十岁的时候,前者的知识逐渐过时,后者则凭借人脉升级为公司管理层。

简单的例子,去领导家或者同事家做客,理工男往往是两手空空,学文史的则往往会精心挑选礼品,把它当成一个礼仪。

这就是现实,不仅在美国,在中国也是同样的。

所以作为一个社会人,你不仅要去适应各种形式,要把握形式的度,同时你还要懂得利用形式,甚至创造形式,为自己的目的服务。

最后说一点没用的。

很多礼仪都是有传统的,要了解这些传统,否则会闹笑话。

譬如祭祀天地这样的事情,只能由最高统治者来做。祭祀周王,只能由现任周王祭祀,诸侯是没有资格的。譬如晋国国君也是周文王周武王的后代,他们也只能祭祀自己的开国祖先唐叔虞。

有一个特例是周公,周公因为曾经代理周王,死后葬在周文王的墓地,因此享受周王待遇,只能由后代的周王祭祀。鲁国作为周公的后代,特别申请祭祀周公,周成王予以特批。因此,周公是唯一一个享受周王和鲁国国君祭祀的人。

第二十七章

目的和手段

　　子桑伯子是孔子的老朋友,有一次冉雍要去季孙家做官,顺便问起子桑伯子这个人怎么样,孔子就说:"这人还行,做事呢,总是追求简单,怎么简单怎么来。"冉雍想了想说:"如果对百姓心存敬重呢,行事简单去管理百姓,不是可以的吗? 但是如果只是为了简单而简单,可能就过于简单了。"孔子说:"冉雍,这话你说得对。"

　　原文是这样的——

　　　　仲弓问子桑伯子。子曰:"可也简。"仲弓曰:"居敬而行简,以临其民,不亦可乎? 居简而行简,无乃大简乎?"子曰:"雍之言然。"(出自《论语·雍也篇》)

　　这段话里,冉雍所要表达的是这个意思:如果是以老百姓办事方便为目的,这样简化程序是可以的。如果仅仅是为了自己简单了事,那么这样的简化程序就会出问题。

也就是说,目的不同,手段就会不同,实际上结果也是不同的。

举个例子,譬如你是一个诊所的医生。诊所就诊的程序一共有八道,首先挂号,其次缴费,其次问诊,其次再缴费⋯⋯

这一天,来了一个摔断腿的患者。

如果你是"居敬"的医生,把每个患者都看成自己的亲戚朋友,这个时候你就会简化流程,直接上手术台,打麻药、正骨、包扎等等。

如果你是一个"居简"的医生,你会直接让他把现金交给手术室,然后正骨、手术,不过忘了给他打麻药。

所以,"居敬而行简",简化掉的都是次要的环节,核心环节是绝不会简化掉的。

"居简而行简"不同,他完全在敷衍了事,自己怎么省事怎么来,所以简化掉的可能正是核心的环节或者要害的环节。

所以这里讲的道理就是:在做一件事情之前,你首先要明白自己的目的,之后才能找到完成这个目的的手段。

或者,领导让你做某件事情,你对领导的意图有什么样的理解,就会有什么样的手段。

简单说:目的决定手段。

这个道理看上去简单，但是很多人是不知道的。

很多人喜欢跟风，特别是跟偶像的风，这种人通常就不明白这个道理。譬如偶像买了一件驴牌的风衣，人家是准备走红毯用的。你也借钱跟风买一件，排队买早餐的时候穿。

譬如看见别人炒股发了财，你也想发财，你的目的算是比较明确的，但是你要搞明白，炒股不是你发财的手段，因为你没有内幕消息。

所以，你不仅要明白自己的目的，也要明白哪些手段不适合你，这样，才不会盲目跟风。

孔子从来都坦诚自己追求富贵，他认为这是每个人的追求，没什么不可以说的。但是孔子接着说，如果用不道德的方式去实现这个目标，那也是不行的。

原文是这样的——

> 子曰："富与贵，是人之所欲也；不以其道得之，不处也。贫与贱，是人之所恶也；不以其道得之，不去也。君子去仁，恶乎成名？君子无终食之间违仁，造次必于是，颠沛必于是。"（出自《论语·里仁篇》）

每个人都有一个富贵梦，或者说富贵是每个人的目的。那么，要实现这个目的,就需要合适的手段。问题是,富贵这个东西常常是零和游戏,就是说你挣大钱的时候,就可能会有人破产。因此,要实现这个目的,很可能就需要采取某种不道德或者不光彩的手段。

所以孔子说,如果一种手段能让我富贵,但是这种手段突破了我的价值底线,我宁愿舍弃我的目的,也不会采用这样的手段。

相反,就是我们常说的不择手段了。

简单说,目的决定手段,但是不能不择手段。

反过来说,在孔子看来,必须要坚持"仁"的底线。底线之上的手段,就是可以使用的。

譬如孔子就说过:"如果靠给人赶车能富贵的话,我愿意去。"所以孔子说得很明白,只要能实现富贵,面子不面子不重要,工作低贱不低贱不重要。

所以,博士生送外卖并没有什么不合适的。

孔子有一次也曾经跟颜回开玩笑说:"什么时候你富贵了,我去给你当管家。"

孔子把"仁"作为追求富贵的底线,但是并没有把"仁"与富贵对立起来。

问题是,这个"仁"的标准是什么?

孔子没说,大致,损害别人的利益来追求自己的利益就属于不仁吧。

有的情况下，譬如你有一个伟大的目标，但是要实现这个目标，可能需要一点看上去不那么伟大的手段，怎么办？

孔子没犹豫：干。孔子的原话是这样的——

君子贞而不谅。（出自《论语·卫灵公篇》）

啥意思？

孔子说："君子固守正道，而不拘泥于小信。"（出自《论语·卫灵公篇》）

孔子的得意门生子夏也说过："大德不逾闲，小德出入，可也。"（出自《论语·子张篇》）

啥意思？跟孔子的意思是一样的。

有什么样的师父，就有什么样的徒弟。

简单说，目的决定手段，但是不能不择手段，但是不等于不要手段。

譬如说谎是不对的，但是对坏人说谎就没有问题。

有一次孔子带着弟子们从鲁国去卫国首都楚丘，路过卫国的戚。因为这个地方刚刚背叛了卫国，所以扣留了孔子一行人。最后，孔子保证自己不去楚丘，才被释放出来。可是一出城门，孔子就带着弟子们往楚丘去了。

"老师啊，咱这不是言而无信吗？"子路问道。

"咱们的承诺是被迫的,所以是不算数的。"孔子解释说。

柳下惠是孔子非常推崇的人,从来不撒谎。有一次齐桓公向鲁国索要鲁国的国宝鲁鼎,鲁国国君不敢不给,于是弄了一个山寨货去充数。谁知道齐桓公也是古玩专家,一眼看出来是假的,于是对鲁国人说"把这个拿去给柳下惠鉴定,如果他说是真的,就算是假的我也认了。"

鲁国国君就派人送去给柳下惠鉴定,说是为了祖国的利益,您就出个老千吧。可是,柳下惠断然拒绝了。最终,鲁国只好把真品送去了。

柳下惠的做法和孔子的做法截然不同,谁是对的呢?

其实都是对的。

对于孔子来说,不损害别人的利益是他的底线,撒谎不是。对于柳下惠来说,不撒谎就是他的底线。

对于目的来说,坚持同样的手段不变化,这就叫固执。能够根据情况采取不同的手段,这就叫变通。

孔子是一个提倡变通的人,在孔子的弟子中,颜回、子张、曾参这些人都属于比较固执的人,子贡、子夏都属于比较变通的人。

子夏有一句名言:博学而笃志,切问而近思。(出自《论语·子张篇》)

这句话就是在讲述坚持与变通之间的关系：目标是坚定的，手段是变通的。

志向是坚定的，但是不应该仅仅局限于老师所教的东西，还要广泛地学习。学习了历史的知识，但是要思考的是现实的情况。

还是回到现实的社会。

现实社会中人心都很浮躁，其实人们很少去思考自己的人生目标究竟是什么，因而常常把手段当成目标。

很简单且广泛的例子。

大多数人的人生目标其实就是富贵，怎样才能使自己富贵？发挥自己的长处。有商业头脑地去经商，有逻辑思维地去发明创造，有管理才能地去做企业高管等等。

但是，出于各种原因，人们忽略了自己的目标，而直接把手段当成了目标。譬如要当科学家，要当企业家，要当将军等等，其实这些都是手段而已。智商不到九十，当什么科学家？补一辈子课都不行。把手段当成目标最直接的后果就是，你可能永远找不到合适的手段去实现你的假目标。

有人说，我智商只有八十，别说当科学家，当工程师都够呛，怎么办？

这就对了。

如果你设立了一个最初的目标,然后发现自己完全没有能力达成这个目标,你就要考虑降低你的目标了。如果还不行,继续降,直到你有合适的能力去实现你的目标。

所以国外很多人的目标看上去很低,譬如当个面包师、水管工,甚至清洁工等等。

目标低一些其实并没有坏处,这至少保证你不会走弯路。而当你实现了你的目标之后,你还可以追求更高的目标。这样的人生,就能够一直生活在满足和快乐之中了。

中国父母为什么看上去总是忧心忡忡,为什么总是焦急烦躁?因为给自己和孩子定的目标太高而看不到头。

孔子说:目标要有上限,手段要有下限。

目标超过了上限,你就会迷失方向。手段超过了下限,你就会不择手段。

在上限和下限之间懂得随时变换合理的目标和合适的手段,就是懂得变通。

这里有一个难题,就是怎样确定下限。譬如孔子追求富贵的下限是不损害别人的利益。那么问题来了,假如说孔子手里有一幅画,孔子认为这幅画要贬值,于是赶紧卖掉了。过不多久,这幅画果然贬值了,这算不算损害了别人的利益。

在我们现在也有这个问题,譬如房子的买卖,股票的买卖。

你把股票卖在了最高点,兴高采烈请客吃饭。接盘的人连着几个跌停,哭天喊地老婆离婚。这算不算损害别人的利益,算不算把自己的快乐建立在别人的痛苦之上?

这里,就要看自己有没有主观故意了。

譬如孔子的画本身就是个赝品,本身就不值钱,孔子却忽悠别人高价买了,这个就属于品质问题,挣的是缺德钱,这就在孔子的下限以下了。如果这幅画是真品,只是孔子判断要贬值,在贬值之前卖掉了,这个挣的就是智力钱,就在下限以上了。

孔子总是担心自己的弟子们不懂得变通,这不奇怪,因为那时候是贵族文化,讲信用讲契约,所以人们轻易不会变换手段。换句话说,人们的底限设得相当高。通常也是这样,规则意识越强、契约意识越强的社会,人们的变通能力也就越差。所以在这样的社会里,就要鼓励人们变通。

而对于规则意识薄弱,契约意识薄弱的社会,事情就恰恰相反,人们变通的能力超强。换句话说,底限设得比较低。所以这样的社会,就要鼓励人们守规则守契约。

归根结底,这个底限的设置太高了不好,太低了也不好,必须要根据时代的变化随时调整。所以,最重要的变通还不是手段的变化,而是底限的变化。

第二十八章

己所不欲勿施于人

我们常说文化修养，但是实际上有知识不等于有文化，有文化不等于有修养，这是两回事。

举一个自己的例子。

多年前，跟两个朋友出门，他们都是北大的毕业生，知识文化没得说了。那时候没车，只能坐中巴，我带着口香糖，一人一片。一个朋友直接把口香糖的包装纸扔在地上，另一个握在手里，下车之后扔在街上，只有我把包装纸放在口袋里，下车之后扔在垃圾桶里。

什么是修养？

《论语》中孔子在无意之间给了定义。

> 子曰："君子博学于文，约之以礼，亦可以弗畔矣夫！"

（出自《论语·雍也篇》）

啥意思？

孔子说：君子广泛地学习文化知识，又能够用礼来约束自己，就算是有修养了。

礼是什么？就是正确的行为规范。

所以，当你的知识文化中根本没有正确的行为规范这个部分的时候，怎么会有好的修养呢？

我们看那些贵族们很有修养，因为那是人家从小培养起来的行为习惯。很多人不是贵族，依然具有很高的修养，为什么？那是人家通过观察学习，自我培养出来的。而我们，从小没有人培养我们的习惯，长大之后也没有地方去观察和学习，要提升自己的修养就真的很困难了。

我们总说英国女王去贫民区看望平民，也要礼貌地先敲门。其实这没什么啊，在中国的周朝，周王与百姓交流的时候，也会向百姓磕头啊。魏文侯去贫民区见段干木，同样是敲门之后在外面等，进去之后站着聊天啊。

所以，最重要的是有礼的习惯。

当然，学识越广，对礼的理解也就越深刻，言辞谈吐也会更得体，对于修养是有提升的。

孔子还说过这样的一句话——

子曰:"质胜文则野,文胜质则史。文质彬彬,然后君子。"(出自《论语·雍也篇》)

啥意思?

孔子说:"质朴多于文采,就粗俗;文采多于质朴,就刻板。只有质朴和文采配合恰当,才能够成为君子。"

所谓质朴,就是寻常的街巷生活;所谓文采,就是知识文化。

譬如很多地方人见面问候就是"吃了吗",这就是粗俗。有的人看英国电影看多了,街上跟人打招呼就成了"早安,午安,晚安",这个,就是刻板。怎样是恰当的呢?在街上跟人打招呼说"你好,早上好"就行了。

所以,你既要懂得规则,也要尊重生活。

有人说,我只要做一个好人,做一个尊重别人的人,做一个守信用的人,做一个诚实的人,不就行了?把好的行为规范都背诵下来,不就是有好修养了吗?

当然不是。

当初子路就是这样的想法,孔子早就作出过解答了。

来看看《论语》中孔子怎么说的。

子曰:"由也,汝闻六言六蔽矣乎?"对曰:"未也。""居,吾语汝。好仁不好学,其蔽也愚;好知不好学,其蔽也荡;好信不好学,其蔽也贼;好直不好学,其蔽也绞;好勇不好学,其蔽也乱;好刚不好学,其蔽也狂。"(出自《论语·阳货篇》)

啥意思?

孔子说:"由呀,你听说过六种品德和六种弊病了吗?"子路回答说:"没有。"

孔子说:"坐下,我告诉你。信奉仁而不爱好学习,它的弊病是受人愚弄;信奉智慧而不爱好学习,它的弊病是行为放荡;信奉诚信而不爱好学习,它的弊病是被人利用;信奉直率却不爱好学习,它的弊病是说话尖刻;信奉勇敢却不爱好学习,它的弊病是犯上作乱;信奉刚强却不爱好学习,它的弊病是狂妄自大。"

这段话里,孔子就是在告诉子路:只有好的品德,只懂得行为规范是不够的,还需要多学习,才能够恰当地运用。

之后,孔子讲了六种情况。

1. 你很善良,仁者爱人嘛,对谁都好。可是你扛不住这世界上也有坏人,如果你不懂得分辨的话,就会被愚弄被欺骗。如果一个人总是被愚弄被欺骗,还谈什么修养呢?大家只会认为你是个傻子。所以要多学习多思考,害人之心不可有,防人之心不可无。

2.你很聪明,反应很快,但是如果你不能控制自己卖弄聪明,就会成为小聪明,被人认为很轻佻浮躁。譬如大家一块吃饭,一个人讲一个笑话,人家讲到一半,你把后面的包袱给人家抖了,这就属于卖弄小聪明,这样的人还谈什么修养呢?

3.你为人讲信用,说了一定要做,这当然是优点。可是这世界上不讲信用的人很多,所以你的信用很可能被他们利用。譬如你和你朋友小王都喜欢一个女孩,喝了酒之后你俩相约不为了这个女孩伤和气,谁也不去追求。结果呢?你守信用了,小王下手了。最后,你成了笑料,这样的修养就成了负资源。

4.你性格直率口无遮拦,这要是控制不好,就成了刻薄了。你在商场碰上了上级老王跟老婆逛街,老王老婆长得很老,你上去就是一句"你夫人好像你妈啊",直率是直率了,年终奖估计就泡汤了。不用说,这是典型的没修养。

5.你很勇敢很无畏,但是不知道约束自己,就会很鲁莽。像李逵这样的人,人家都投降了,还要杀人家一家老小,连孕妇也不放过,你能说他有修养吗?

6.你性格坚定有主张,如果掌握不好,就会显得很自大很狂妄。自己分明错了,就是不承认,这样的人,也不能说他有修养。

人的性格往往都是双面的,上面的六项在我们看来都是优点,但是如果没有学习,不懂得变通,因此掌握不好尺度,同样会变成坏事。

所以,要提升自己的修养,需要学习。学习什么?学习规则。不仅学习规则,还要学习在不同的情况下怎样灵活地运用规则。

那么,怎样灵活地运用规则呢?

我们来简单看看孔子和他的弟子们是怎样做的。

《论语》中有这样一则记载。

> 子食于有丧者之侧,未尝饱也。(出自《论语·述而篇》)

啥意思?

孔子如果跟家里有丧事的人一同吃饭,都不会吃饱。

为什么这样做呢?因为有丧事的人往往因为悲伤而食欲不振,吃的不多。这个时候如果你大吃特吃,就显得你似乎很高兴。所以,宁可不吃饱,也要表现出对他人的同情和尊重。

这,就是有修养的表现。

再来看《论语》中的另一则。

> 子游曰:"丧致乎哀而止。"(出自《论语·子张篇》)

啥意思?

失去亲人的人，在丧礼上只需要表现出淡淡的悲伤。

为什么要这样呢？

当一个人失去亲人之后，直接的反应就是悲伤，也就是从心里感到难过。等到过了一段时间进行丧礼的时候，最初的悲伤已经过去，已经接受了现实，这个时候，就表现为哀，也就是体现于表情上的难过。

丧礼过程中，会有很多宾客前来。这个过程中，一方面，要表现出失去亲人的悲伤之情；另一方面，要招待宾朋，不能失礼。

因此，哀这个程度就是最恰当的。

有的人不懂得这个道理，为了体现自己的孝心，在丧礼上号啕大哭，眼泪鼻涕横飞。不仅看上去形象不佳，而且怠慢了客人，这就属于典型的欠缺修养了。

一个有修养的人，走到哪里都让人尊重，与人打交道都让人感觉很舒服。

一个欠缺修养的人，走到哪里都让人讨厌，与人打交道都让人感觉不舒服。

修养作为一个概念，可大可小。

大的概念可以说是前面所有优点的集合，守规则，自省包容，敢于认错，语言恰当，懂得变通等等。

小的概念就是八个字：己所不欲勿施于人。

啥意思？你自己不想承受的，不要施加给别人。

不要小瞧这八个字，这可以说是《论语》中的精华。

《论语》中，孔子曾经两次说到这八个字。

一次是子贡问孔子"有没有一句话是可以终身奉行的？"孔子的回答就是"其恕乎！己所不欲，勿施于人。（出自《论语·卫灵公篇》）"

还有一次是冉雍要去出任季孙家的管家，临行来请教孔子，孔子的回答就是："出门如见大宾，使民如承大祭。己所不欲，勿施于人。在邦无怨，在家无怨。（出自《论语·颜渊篇》）"

像子贡这样高情商这样有才能的人，孔子对他的忠告就是这八个字。

像冉雍这样就要出任高官掌握大权的人，孔子给他的忠告也是这八个字。

由此可见，这八个字确实是金玉良言。

孔子为什么单独对他们二人提出这样的要求呢？因为子贡有钱，冉雍有权，孔子就是提醒他们不要仗势欺人。如果有权有钱的都要这样做，那么对于普罗大众来说，就更应该这样做了。

那么，怎样做到己所不欲勿施于人呢？

很简单，做事之前，考虑别人的感受。或者，叫作换位思考。

我们有时可以看到在公共交通工具上，有的人脱了鞋并且把脚放在前排座位的上面，这就是完全不考虑别人的感受，这种人就属于修养极差的人。

有的人在外人面前训斥自己的子女，这也是完全不考虑别人的感受，修养也有待提高。

有的人上公共厕所不冲水，这也是不考虑后来者的感受。

通常而言，自私的人，自我中心的人，自命不凡的人，这些人都很难做到己所不欲勿施于人，因为他们基本不会考虑别人的感受。

不过，就算做到了己所不欲勿施于人，也没有什么值得骄傲的，因为这只是最基本的修养，这并不足以让人尊重，顶多是让人不讨厌。

现实生活中，我们往往认为一个说话和气，彬彬有礼的人就是有修养的人。但是这顶多算是个有礼貌的人，或者是个一团和气的人，并不等于有修养。

要真正成为一个有修养的人，首先要懂得礼仪礼节，而不仅仅是礼貌。问题是我们的礼仪礼节经过几千年的破坏，早已经支离破碎。如今，学校不教，父母不会。一些曾经在国外学习的人回来，带回来一些不土不洋的东西，又与这个社会格格不入。

没有规范，没有教材，没有标准。

算了，先做到己所不欲勿施于人吧。

第二十九章

美德也不要过度

辛弃疾有一首词，其中一句是：物无美恶，过则为灾。

就像美女，有人按照所谓的最佳比例用电脑制作出完美美女，结果可能并不一定好看。现实生活中，那种面容雪白光滑毫无瑕疵的美女可能并不耐看，但如果加上一颗美人痣或者几粒淡淡的雀斑反而更让人喜欢。

人的品质也是如此，完美的品质往往让人讨厌。就像一部电影，如果主角人品完美无懈可击，这个人物就会苍白无力。相反，主角有一些瑕疵，反而更生动更让人信服。

要求别人完美，就是刻薄狭隘。要求自己完美，就是自寻烦恼。所以，凡事要有度，就算美德也不能过度。

周公是孔子的偶像，当初周公的儿子伯禽去治理鲁国之前，周公对他说:"君子不疏远他的亲属,不使大臣们抱怨不用他们。旧友老臣没有大的过失,就不要抛弃他们。不要对人求全责备。"

原文是这样的——

> 周公谓鲁公曰:"君子不施其亲,不使大臣怨乎不以,故旧无大故,则不弃也。无求备于一人。"(出自《论语·微子篇》)

孔子一直用这段话来教育自己的弟子们,要求他们不要用完美的标准要求别人。

可是,孔子的弟子子张就是一个对别人要求完美的人,他不仅要求别人现在完美,而且要求别人从前也完美。他不仅要求别人做的事情崇高,而且动机也要崇高。

在《论语》中,子张是个比较喜欢向老师提问题的人,可是他的问题全都是高大上的问题,到后来孔子听着都烦。而他自己不说话则已,一开口一定都是慷慨激昂视死如归的架势。什么"士见危致命,见得思义",什么"执德不弘,信道不笃。焉能为有,焉能为亡?"等等,义正词严得不得了。

可是事实上呢,孔子推荐了很多弟子去做官,却从来不推荐子张,子张问了孔子很多做官的学问,却一辈子没有做过官,一辈子没有什么著述。

子张口口声声要跟每个人做朋友,实际上他基本没朋友,同辈的子夏、子游、曾子没一个喜欢他。

子张这样的人是典型的道德洁癖,可是只是针对别人的。

对别人的道德水准要求高,这种人就是我们俗话所说的伪君子了。

对别人要求完美是伪君子,那么,对自己要求完美是不是就很好呢?

孔子曾经很喜欢一个学生,他就是颜回。

颜回是个非常好的人,人品超一流。孔子所说的,就是他追求的。孔子曾经感叹自己比不上颜回,因为自己做不到的,颜回能做到。孔子所讲的传说中圣人们的事迹,颜回都要求自己去做到。

有一次,颜回请教老师什么是仁,孔子就说"克己复礼"就是仁。具体来说,就是"非礼勿视,非礼勿听,非礼勿言,非礼勿动"。颜回当场表示要遵照去做。

原文是这样的——

颜渊问仁。子曰:"克己复礼为仁。一日克己复礼,天下归仁焉。为仁由己,而由人乎哉?"颜渊曰:"请问其目。"子曰:"非礼勿视,非礼勿听,非礼勿言,非礼勿动。"颜渊曰:"回虽不敏,请事斯语矣。"(出自《论语·颜渊篇》)

还有一次,颜回问怎样治理国家,孔子说"用夏代的历法,乘殷代的车子,戴周代的礼帽,奏《韶》乐,禁绝郑国的乐曲,疏远花言巧语的人,郑国的乐曲浮靡不正派,佞人太危险。"

原文是这样的——

> 颜渊问为邦。子曰:"行夏之时,乘殷之辂,服周之冕,乐则《韶》《舞》。放郑声,远佞人。郑声淫,佞人殆。"(出自《论语·卫灵公篇》)

其实孔子虽然这么说,也是停留在学术范畴内的,孔子自己是做不到的。可是颜回很当真,他决定完全按照这个标准去做。

孔子曾经就很欣赏颜回的态度,表扬他说"听我说话而能毫不懈怠的,就是颜回一个人吧!"

原文是这样的——

> 子曰:"语之而不惰者,其回也与?"(出自《论语·子罕篇》)

孔子还说"颜回这个人,他的心可以在长时间内不离开仁,其余的学生则只能在短时间内做到仁而已。"

原文是这样的——

> 子曰:"回也,其心三月不违仁,其余则日月至焉而已

矣。"（出自《论语·雍也篇》）

有一次，孔子推荐颜回去一个卿大夫家里做管家，人家首先要面试一下他。

"颜回先生啊，请问您将怎样管理我的封邑呢？"人家问。

"非礼勿视，非礼勿听，非礼勿言，非礼勿动。还有啊，用夏代的历法，乘殷代的车子，戴周代的礼帽，听交响乐，禁止流行歌曲。"颜回说。

"那什么，你回家等通知吧。"人家说。

当然，这个通知是注定等不到的。

有一次，鲁哀公问孔子哪一个弟子最好学，孔子就说是颜回，并且说颜回从来不迁怒于人，也从不推卸过错。不幸的是颜回短命死了，现在就没有了，没听说谁是好学的。

原文是这样的——

哀公问："弟子孰为好学？"孔子对曰："有颜回者好学，不迁怒，不贰过。不幸短命死矣。今也则亡，未闻好学者也。"（出自《论语·雍也篇》）

基本上，从孔子的评价来看，颜回确实是一个品质非常完美的人，不仅好学，而且不抱怨，还善于反省自己。实际上，对于颜回的品质，不仅孔子称赞，就是师兄弟们也都自叹不如。

有一次，孔子问子贡觉得自己比颜回怎么样，一向高傲的子贡脱口而出自己比不上颜回，差得远，孔子点头表示赞同，并且说自己也比不上颜回。原文是这样的——

子谓子贡曰："汝与回也孰愈？"对曰："赐也何敢望回。回也闻一以知十，赐也闻一以知二。"子曰："弗如也，吾与汝弗如也。"（出自《论语·公冶长篇》）

人品已经非常高尚的曾子对颜回也是佩服得很，有一次曾子就这样说："才能高却向才能低的人请教，知识多却向知识少的人请教；有学问却像没有一样谦虚，知识很充实却像啥也不会一样低调，被人侵犯却不计较。从前我的朋友颜回就这样做过了。"

原文是这样的——

曾子曰："以能问于不能，以多问于寡；有若无，实若虚，犯而不校。昔者吾友尝从事于斯矣。"（出自《论语·泰伯篇》）

包容，大度，谦虚，这些美好的品德也都在颜回的身上。可以说，颜回的品质真的是完美的。

可是，颜回的一生却是失败的。

颜回三十岁的时候就已经满头白发了，四十岁的时候死于贫病交加。去世的时候家徒四壁,连丧礼都无法举办,最后还是师兄弟们帮忙下葬。

颜回从来没有做过官,不是不想做,也不是孔子不推荐,而是想法太完美,没人敢用。孔子就曾经感慨颜回和子贡的不同命运,他说颜回每次应聘都不成功,一辈子没当过官。可是子贡这小子不肯当官,去经商,结果总是发大财。

"唉,颜回难道就注定只能当个普通群众吗?"孔子慨叹。

原文是这样的——

> 子曰:"回也其庶乎,屡空。赐不受命,而货殖焉,亿则屡中。"(出自《论语·先进篇》)

吊诡的是,颜回不仅没有当上官,甚至连在孔子学校当老师好像也没有机会,否则他在《论语》中就应该叫颜子了。

有人说颜回的学习这么好,为什么孔子不用他呢?

为什么呢?

孔子说了:"颜回不是对我有帮助的人,他对我说的话没有不心悦诚服的。"原文是这样的——

> 子曰:"回也,非助我者也,于吾言无所不说。"(出自《论语·先进篇》)

什么意思呢？就是说颜回对孔子的话百分之百接受，没有一点叛逆，因此也就缺乏了创造力和想象力。

孔子在修编《诗经》和《春秋》的时候，都选用了具有叛逆精神的子夏作为首席助手，却不肯使用颜回，因为他认为颜回对自己不会有什么帮助和启发。

所以颜回的一辈子在事业上没有任何成就、学术上没有任何著述，对于家庭没有任何帮助。除了一个完美的品德，其他什么也没有。

我们需要这样的完美吗？

为什么完美的品德反而糟糕透顶呢？其实这就像前面所说的"宥坐之器"一样，完美就会导致失衡。

一个完美的人，首先就会让人敬而远之。子贡、曾参都很佩服颜回，可是他们都不是颜回的朋友，为什么？因为他们感觉很难和颜回相处，每个人都会有些小毛病，每个人都会有些小算盘，如果跟颜回这样完美的人在一起，一定会感觉自己很龌龊很不自然。所以，就跟对鬼神敬而远之一样，对完美的人也要敬而远之。

一个完美的人，一定也是一个没趣的和没有想象力的人。要让自己达至完美，一定会随时审视自己，一定会把自己用一个个的框子套起来，这还能有什么想象力创造力呢？

一个完美的人，一定也是一个内心煎熬的人。因为人之所以为人，就是因为人性的存在。人性本身是自私的是贪婪的是怯懦的，人们可以竭力去克服这些人性的弱点，就像用手去压弹簧一样。当你要彻底杜绝这些人性弱点，就等于你把弹簧压到了不能再压的程度，这样你内心承受的压力将是难以描述的。所以，颜回三十岁就白了头。当颜回四十岁去世的时候，他一定很坦然，因为对他来说这是一个解脱。

实际上，孔子本人从来不是一个完美主义者。他提倡不抱怨，但是他也偶尔有抱怨。他宣扬周礼，实际上他也好几次违背周礼。他提倡言而有信，可是他也骗过人。他虽然自己没有泡过妞，可是也曾经派子贡去调戏过良家姑娘。

在孔子的学说中，"变通"是一个重要的概念。我们有句俗话：死读书不如不读书。

读圣贤书，不是让你去做圣贤。

人要懂得知足，要懂得进退取舍。在品德方面，也是一样。

作为一个凡人，不要用上帝的视角看世界，包容和宽恕也是有限度的。

人有很多美德，尽量去做却也不必勉强，不要超出自己的理解能力和承受能力。譬如说谦虚是个美德，但是过度谦虚就是虚伪。

孔子就曾经说过"在朝廷礼敬公卿,在乡里敬重父老,有丧事不敢不尽力去办,不被酒所困,这些事对我来说有什么困难呢?""即使只有十户人家的小村子,也一定有像我这样讲忠信的人,只是不如我那样好学罢了。"

这是骄傲吗?不是,这是自信。

孔子还说过"我有学问吗?其实没有学问。有一个乡下人向我请教,我对他的问题完全没有概念。我上上下下反复思考,却一点头绪也没有。"

这是谦虚吗?不是,这是自知。

所以很多人还没有理解什么是谦虚,就盲目地谦虚。

我们常说什么人坏事做绝,啥意思?就是做坏事不给自己留后路。坏事不能做绝,其实好事也不能做绝。好事做绝了,那是不给别人留后路。

有的人对自己的要求是追求完美,结果往往是累死自己却一无所获,最终心态崩溃走向另一个极端。有的人对自己的儿女追求完美,于是拼命鸡娃,把儿女逼上反叛,结果也是适得其反。

不要去追求完美,连上帝都不是完美的,连上帝都造不出他自己也举不起的石头,连上帝都要容忍撒旦的存在。

世上本没有完美。

第三十章

道义是人生的通行证

这是这部书的最后一章,我们来说一个严肃的问题。

在《论语》中,孔子这样说——

> 子曰:"道不同,不相为谋。"(出自《论语·卫灵公篇》)

啥意思?

孔子说:"理念不同,不做合伙生意。"

我们常说这样一句话:好朋友不做合伙生意。

为什么?

因为即便是好朋友,生意上的理念也未必相同。理念不同,方法就不同,于是就会有争执,就会产生抱怨。最终,生意没做成,朋友也做不成。

所以,理念很重要。不论是做生意,还是做朋友,理念相同才是合作的基础。否则,一有风吹草动,友谊的小船就会翻。

譬如做合伙生意,老张要做低端,老王要做高端。老张要挣快钱,老王要做百年老店。老张重视信用,老王不择手段。这样的不同理念,趁早不要合作,否则一定完蛋。

理念相同是合作的基础,但是不等于理念相同就必须合作,也不等于理念不同就不会合作,只是这样的合作基础会非常脆弱。

两个人的理念并不相同,但是有共同的利益,于是可以进行短暂的合作。

有的时候,两人未必有共同的理念,也未必有共同的利益,靠激情也可以合作。譬如一对男女,因为激情而走到了一起,并且决定结婚。

只是,后面的这两种合作基础很脆弱。前者一旦发生利益冲突,就可能反目成仇,电影里很多盗墓贼就是这样自相残杀的。后者一旦过了激情期,就可能后悔。

有一次子张问孔子怎样提高道德修养水平和辨别是非迷惑的能力。孔子说:"爱一个人,就希望他长命百岁;厌恶起来就恨不得他立刻死去,既要他活,又要他死,这就是迷惑。

原文是这样的——

子张问崇德、辨惑。子曰:"主忠信,徙义,崇德也。爱之欲其生,恶之欲其死。既欲其生,又欲其死,是惑也。"(出自《论语·颜渊篇》)

孔子所说的,就是这两种情况。

典型的就是恋爱中的男女,眼里都是对方的优点,什么都是好的,就是情人眼里出西施。可是一旦恨对方,就发现一点优点也没有了,恨不得对方去死。

所以,基于激情的婚姻关系往往容易破裂,真正长久的婚姻都是基于相同或者相似的理念的。譬如夫妻二人都信奉勤俭持家的消费理念,那么在消费的问题上就容易一致。如果一方力主俭朴,另一方是败家娘们或者败家爷们,问题就大了。一个是宅男,一个是驴友,问题也大了。

所以,理念不相同基础上的合作,是常常会产生困惑的,也是不长久的。

按照孔子的意思,理念不同就不要合作。

那么,相同理念下的合作就一定会长久吗?

那也不是。

这要看是什么样的理念。

譬如两个人都秉持包容自省的理念,那么他们之间的合作会很长久,而且会很融洽。如果两人都是那种对别人有道德洁癖,都喜欢推诿责任,这也是相同的理念,可是这样相同的理念一定会分手。

那么,什么样相同理念下的合作或者友谊会长久呢?

《论语》中,孔子有这样一句话——

子曰:"君子喻于义,小人喻于利。"(出自《论语·里仁篇》)

啥意思?

孔子说:"君子可以晓之以义,小人只能晓之以利。"

什么是义呢?

义就是淳朴原始的美德,譬如谦让、诚实、与人为善、助人为乐,公平公正等等,把义规则化之后就是礼。所以孔子说过"君子义以为质,礼以行之。"

管子曾说过"礼义廉耻",廉耻是义的基础,义又是礼的基础。所以在礼没有规定到的地方,人们应该按照义的原则去做。

那么,道义是什么?

道义就是在义的基础上的理念。

通俗说,道义是一种价值观,是一种符合义的价值观,是一种符合人类原始淳朴美德的价值观。

孔子的意思，当人们在道义而不是利益的基础上合作或者交友时，才是长久之道。

在中国历史上有两段友谊值得一说，一个是管仲和鲍叔牙，这两人就是道义之交。所以，就算他们合伙生意失败了，并不影响他们之间的友谊。

在宋朝，司马迁和王安石也是道义之交，两人是朋友，但又是政敌。王安石执政的时候，有人要趁机迫害司马光，被王安石一口拒绝。王安石变法失败之后，司马光执政，这时候司马光也同样没有落井下石。

这就是道义之交，一时一事的矛盾，并不影响他们对对方人品和人生目标的认同。

秦汉时期，张耳和陈余是好朋友，两人都立志推翻秦朝。后来，两人因为误会而分手，张耳更看重道义，因此还一直在暗中帮助陈余；可是陈余更看重个人恩怨，一直要置张耳于死地。最终，陈余身败名裂，而张耳被刘邦封为王。

我们知道，在一些国家有很多百年老店。

为什么这些百年老店能够如此长寿呢？

店和顾客之间看上去是利益关系，但是同时也可以是合作关系，甚至可以是朋友关系，就看你看重的是什么。有的店囤积居奇，对顾客巧取豪夺，顾客自然也会用同样的理念来对待这个店。有的店把顾客当伙伴当朋友，公平行商，顾客困难的时候，舍弃自己的利益来帮助顾客。那么顾客也会反过来在这家店困难的时候帮助这家店，于是，这家店就成了百年老店。

百年老店一定是以道义的理念开店的。所以，一个百年老店多的地方，这里的民风一定是淳朴的，这里的人民一定是值得敬佩的。

道义的理念不仅仅适用于合作和交友，同时适用于一个人怎样看待身边发生的事情，怎样看待世界上发生的事情。

举个例子，譬如你在镇上开了一个茶馆，你有一个竞争对手大老刘也开了一个茶馆。这一天，几个劫匪抢劫了大老刘的茶馆。作为竞争对手，你当然是受益者，这个时候，你是选择幸灾乐祸袖手旁观呢？还是选择积极协助公安机关破案呢？选择前者，你是基于利益理念；选择后者，你是基于道义理念。

哪一种才是正确的呢？

如果你选择袖手旁观，那么下一个被抢劫者可能就是你。

为什么有的地方治安混乱？因为那里的人们只管利益不管道义，犯罪分子才得以肆无忌惮逐渐坐大。为什么有的地方路不拾遗夜不闭户？因为人们是道义思维，对犯罪零容忍，根本不给犯罪分子发展壮大的机会。

所以"小人喻于利"都是只看眼前利益，没有长远的目光。正是因为心中没有道义，才有了制售毒品、假冒伪劣、把污染水排到地下水层这一类恶行的屡禁不止。

而"君子喻于义"虽然看重的不是利益，可是恰恰符合长远的利益。

因此，不要以为道义仅仅是用来说教的大话套话。恰恰相反，道义才是整体的长远的利益保障。

子曰：不要和流氓做合伙生意。

流氓比小人更危险，小人只是看重利益，但是至少遵纪守法。而流氓不仅看重利益，而且不择手段。

所以即便你和流氓有共同的利益，也不能和流氓合作。否则，你们的共同利益迟早会成为流氓的独占利益，流氓是不会跟你分享的。很多人天真地以为流氓对别人是流氓，对你是义气。但事实上，流氓就是流氓，他利用你的时候义气，利用完之后就恢复流氓本色了。

所谓的"敌人的敌人是朋友"这样的说法是极其荒谬的，是完全建立在利益理念基础上的。

譬如你和大老刘有纠纷，而镇上的流氓也和大老刘作对，这个时候你就要和流氓成为朋友吗？那你迟早会成为流氓，要么就是被流氓算计。

我们可以说道义是永恒不变的。

而利益是随时变化的。

当一个人更注重利益的时候,他往往会因为利益得失而耿耿于怀,甚至为了利益铤而走险。

可是道义不同,道义是一贯的,它是一条直线。你只有遵循道义,不偏离道义的方向,并在这个方向上寻求自己的利益,你才能保持行为的始终一致,才能不忘初心,才能不人格分裂,并且有效地保护自己。

如果你是一个坚守道义的人,那么当你遇上挫折的时候,你才能保住自己的底线。

　　子曰:君子固穷,小人穷斯滥矣。(出自《论语·卫灵公篇》)

记住,永远不要跟流氓做合伙生意,永远不要施舍懒汉,永远不要跟没有信用的人交朋友。